テレビが伝えない憲法の話

木村草太
Kimura Sota

PHP新書

はしがき

たった一冊の本で、自分が本当に伝えたいことを表現するのは難しい。コンパクトにまとめすぎれば誤解を生じるし、詳細・厳密に話せばあくびが出る。そこで、思いついた。あらかじめ宣言すればいいのである。

この本のテーマは、「憲法について考え、議論するのは、とても楽しい」ということを伝えることである。

本書を読み進める上で、部分的には、法学部特有の小難しい話にうんざりすることもあろうが、うんざりしたなら読み飛ばしていただいて構わない。しばらくして（3日後か、1年後か、はたまた10年後かは分からないが）、ふと読み直した時には、面白いと思っていただけるかもしれない。最後まで目を通していただき、いろいろな議論がされていた、と記憶の片隅に留めていただければ幸いである。

２０１３年は、例年になく憲法に強い関心が集まり、テレビ・ラジオ・新聞・雑誌・インターネットなど、あらゆるメディアで「憲法とは何か」が解説され、改憲・護憲の論議が交わされた。そのおかげで、多くの人が、憲法に対する理解を深めることができただろう。筆者も、専門研究者の間でなされる議論とは異なる視点に触れ、とても勉強になった。

ただ、憲法についての解説にせよ、改憲・護憲両派の議論にせよ、過去に繰り返されてきた固定化した議論の枠組みを前提に、それを再確認し強化させていくような姿勢で展開されるものが多いのが気になった。

確かに、憲法は、「法」という専門知を駆使《くし》して解釈・運用されるものである。だから、憲法の概念や、改憲・護憲の必要性を理解するには、一定の知識が必要になるのはもちろんであり、それを効率良く伝えるには、これまでに積み上げられてきた型に沿うのが便利だろう。そうした型も理解せず、ただの思いつきや個人的な感情で憲法をいじられたのでは、国家の基礎が揺らぐ。しかし、固定化された知識を一方的に伝えるのみでは、憲法について考えること、学ぶこと、研究すること、の楽しさが失われてしまう。楽しさを失った学問は、単なる権威の押し付けとなり、人々を抑圧するだけである。

テレビをはじめとした従来のメディアが伝えなかったこと、それは、「憲法学の楽しさ」ではないだろうか。そして、憲法学の楽しさを本気で伝えようと思ったら、憲法学についての正確な理解を共有する必要があろう。将棋の名人戦を楽しむには、将棋のルールを知っている必要があるのと同じである。さらに対局者の個性や、過去の対局内容、最新の研究情報などを知れば、些細《ささい》な一手一手にますますワクワクする。物事は知れば知るほど楽しくなるものである。

学問の楽しさは、普段は意識しないほど「当たり前」になっているようなことを、敢《あ》えて意識し、なぜそうなのだろうかと考えるところにある。好奇心に任せて思索に集中するのは、それ自体とても楽しい。さらに、思いもつかなかったような理解を得られた時の喜びは計り知れない。憲法について考えるのも、全く同じである。

そうは言っても、「憲法というと、堅苦しくて、難しそう」と思ってしまう人もいるだろう。確かに、そういう面はある。かく言う私も、憲法の本を読んでいて眠くなることは多い。

けれども、憲法学が対象とする問題は、実は、生活に根深く関わっている。「国民主権」とか「統治権の総攬《そうらん》」といった物々しい言葉で語られると、ずいぶん難しそうだが、その内容は「ワンマン社長の横暴」とか「PTA役員の免除資格」といった問題と本質的に変わらなかったりする。どうか肩肘《かたひじ》張らずに、身近なこととして考えてみてほしい。

人は、一人では生きていけない。誰もが、友人・家族・仕事仲間・地域活動など、様々な人間関係・団体との関わりの中で生きている。他方で人は、一人ひとり全く違う個性を持ち、違う考え方をする。だから、人間関係・団体には、息苦しさやもどかしさを感じずにはいられない。

一人では生きられないのに、他人との関係は時にうっとうしい。こうした矛盾を乗り越え、どうやったら良い人間関係や団体を作れるだろうか。知恵の使いどころである。人類は、この問題について長年知恵を絞《しぼ》ってきた。憲法学も、そうした試みの一つである。そして本書は、その楽しさを伝えることを目標にしている。

というわけで、本書で、「憲法学の楽しさ」を感じていただければ幸いである。

2014年3月

木村草太

テレビが伝えない憲法の話　目次

2. 日本国憲法の内容を掘り下げてみる
――いわゆる三大原理は何を語っていないのか？

3. 理屈で戦う人権訴訟
――憲法上の権利はどうやって使うのか？

4. 憲法9条とシマウマの檻
――どのように憲法9条改正論議に臨むべきか？

5. 国民の理性と知性
――何のための憲法96条改正なのか？

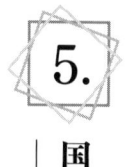

終章

日本国憲法の物語
――事を正して罪をとふ、ことわりなきにあらず。されどいかにせん

序章

日本国憲法の三つの顔

「憲法9条は、外国に向けた一方的外交宣言としての側面もあるからねえ」

大学3年生の当時、私は国際政治を教えてくださった藤原帰一先生の研究室で、憲法9条について話をしていた。その時に藤原先生から冒頭の台詞が出たのである。言われてみれば当然のことだが、私はこの言葉を聞いて、自分の視野の狭さに衝撃を受けた。

その頃、筆者は、標準的な法学部生として、日本の最高裁判例をチマチマ読むことを中心に生活していた。たった一つの判例を数カ月がかりで調べる。関係する判例評釈を読み漁《あさ》り、引用文献を読み漁り、関連判決を読み漁り、関連判決の判例評釈を読み漁り、と、マニアックな視点をどんどん先鋭《せんえい》化していくのである。

そんな生活をしていると、日本国憲法には、単なる国内法典としての役割以上の意味がある、などということは意識し難い。

しかし、先生がおっしゃったように、日本の憲法を読むのは日本人だけではない。日本人だって、外国と商取引や政治外交をしようと思えば、その国の経済体制はどうなっているのか、裁判システムはどうなっているのか、統治機構はどうなっているのかなど、相手国がどのような国なのかを知るために、その国の憲法を読むこともあるだろう。とすれば、憲法典に、外国にメッセージを発信する条項が入っていても、なんら不思議ではない。「日本国憲法には、国内法典以上の意味がある」ということは、憲法について考える上で、いつでも頭のどこかに留めておくべきだろう。

そうは言っても、憲法を大学で専門的に研究していると、学生にも「日本国憲法」の内容を講義で伝えねばならないので、ついつい憲法の「法律」としての側面にばかり目がいってしまう。しかし、昨今の憲法論議を眺《なが》めていて、何やら違和感を持った私は、ふと、先の学生時代の出来事を思い出した。

憲法典には、様々な側面がある。そういう視点で、憲法やそれを巡る議論を検討してみると、日本国憲法にも、いくつもの側面があることが分かった。日本の憲法状況を理解する上で、特に大事なのは、次の三つの側面だと思う。そこで、本論を始める前に、この点を押さえておこう。

1　第一の顔：国内の最高法規

まず、憲法典には、国内で最高の効力を持つ法律、つまり「最高法規」としての側面がある。憲法が最高法規としてどのようなことを規定しているのか、憲法の法技術文書としての内容を適切に理解することが、大学の講義などで憲法を学ぶ時の中心的な課題である。

ここで、「最高法規」とは何かを考える前に、ある文書が「法律」として使われる、とはどういう意味なのかを見ておこう。

国会の議決を経て施行された法律は、人々の行動基準になり、またトラブル発生時には、裁判所の判断根拠にもなる。例えば、日本で自動車を運転しようと思うなら、運転免許を得るため、きちんと「道路交通法」を学んで交通ルールを把握しなければならない。事故が起きて損害賠償をしなければならない時も、誰が責任を負うべきかは、交通ルールを基準に判断され、裁判所も、それを基準にして判決を書く。日本国憲法も、日本の法律の一種だから、人々の行動基準や裁判の判断根拠になるのは、道路交通法と同じである。

では、「最高法規」とは、どういうことだろうか。それは、その法律を無効にするための方法の違いによる。

普通の法律は、それと矛盾する別の法律ができた場合、新しい法律が優先される。これは、「後法は前法を廃する」と表現されるルールである。例えば、消費税法が税率5％と定めていても、新しい法律が8％と定めれば、税率は8％になる。これに対し、憲法典の場合は、それと矛盾する法律が新しく定められても、憲法の効力は失われず、逆に、新しくできた法律のほうが無効になる。憲法典を無効にするには、立法ではなく、憲法改正手続を経て憲法典そのものを変える必要があるのだ。

このように憲法典は、普通の法律よりも強い効力を持つ。このため、普通の法律と区別して、「最高法規」と呼ばれる。なぜ、普通の法律とは区別された「最高法規」があるのか、という点については、おいおい説明するとして、まず、憲法典には、国内の最高法規としての側面がある、ということを確認してほしい。

2 第二の顔：外交宣言

国内の最高法規としての側面以外は、憲法を語る上でほとんど意識されないように思われる。しかし、冒頭にも述べた通り、憲法典には、外国の人に対するメッセージを発信する文書、すなわち「外交宣言」としての側面もある。

憲法典は、非常に公式性の強い文書であり、外国の人にも読まれる。憲法が、普通選挙や秘密投票など、民主主義のための制度をしっかり規定していれば、外国の人に「この国はきちんとした民主国家らしい」という印象を与える。逆に、憲法が、言論弾圧や独裁政治を正当化する文言になっていたら、「強権的で人権侵害も平気で行う国なのだろう」という印象を与える。

独裁的な国家では、独裁者の都合でルールが突然大きく変わる危険がある。政府の借金が全て踏み倒される危険だってあるわけだ。そんな国家と好きこのんで取引をしてくれる外国や外国企業はなかなかいないだろう。そんなわけで、現代では、どんなに独裁的な国家でも、憲法典の建前上は「民主主義」とか「共和国」の看板を掲げることが多い。現代の国際社会に適合的な国家であることをアピールするのである。

そこを意識して読み直してみると、日本国憲法には、外交宣言として重要な文言がいくつもある。例えば前文には、「平和を愛する諸国民の公正と信義に信頼して」と書かれている。

最近、この文言を「非現実的な理想主義」だと非難して、削除すべきだと主張する人がいる。確かに、外交は、利害得失と権謀術数《けんぼうじゅつすう》が渦巻く厳しい世界である。しかし、それと同時に、外交は儀礼・礼節の世界でもある。どんなに激しい利害対立があっても、初めから「お前のことは信頼しない」などと宣言すれば、外交関係は無意味にギクシャクするだけだろう。どんな外交交渉も、まずは相手を尊重するところから始まる。日本国憲法は、そのために、「外国の皆さんを信頼しています」と挨拶しているわけである。この文言を削除するということは、外国に対し「お前らを信頼しない」と宣言するに等しい振る舞いであり、そういうメッセージを発信しても、失うものばかりで得るものは何もないだろう。

このように、憲法典の文言は、国内の法律としての側面だけでなく、外交宣言としての側面も視野に入れて理解しなければならない。国内のみの狭い視野で考えていたのでは、国際社会では生きていけない。

3　第三の顔：歴史物語の象徴

憲法典に国内の最高法規・外交宣言という側面があるという話は、言われてみれば「なるほど」とすぐに納得していただけるだろう。これに対し、第三の側面は、少し分かりにくいかもしれない。

文章は、その文言が表現する内容とは全く無関係に、ある種の物語を象徴してしまうことがある。例えば、夫が妻に「洗い物やっといて」というメモを残したとする。この文章は、ごく普通に考えれば、日常的な家事の依頼に思われる。しかし場合によっては、長年の積もり積もった不公平な家事負担の象徴となり、離婚の引き金になってしまう、ということもあり得る。

もちろん、そんな重大な物語を象徴してしまう文章は、それほど多くない。特に、法律文書というのは、立法の必要性が社会の中で認識され、国会での議論を経て成立するのだから、そこにあるのは、法律としての技術的な側面のみのはずである。

しかし、憲法典は、戦争や革命など重大な歴史的事件の中で作られ、「歴史物語の象徴」としての側面を持ってしまうことが一般的である。例えば、フランス人権宣言（これは現在のフランス憲法の一部になっている）は１７８９年の大革命の歴史を象徴しているし、アメリカ合衆国憲法は独立宣言に連なる建国の歴史を象徴している。そして、日本国憲法も、その例外ではない。

憲法典には、こうした歴史物語の象徴としての側面があるため、他の法律と異なり、熱烈な愛着や激しい憎悪《ぞうお》の対象となり得る。それゆえ、明らかに法律文書としての欠点があるのに改憲反対の議論が横行したり、逆に、変える必要もないのに強固な改憲論が渦巻いたりする。合理的な精神を持つ人々は、憲法論から遠ざかり、ますます感情論だけが渦巻いてしまう。憲法典を巡る議論は、しばしば、不合理で感情的なものになり、建設的な提案が無視されてしまうのである。

4　議論の心構え

以上に見たように、憲法典を巡る議論状況を理解するには、①国内の最高法規、②外交宣言、③歴史物語の象徴という、三つの側面があることに注意が必要である。憲法論議をする場合は、どの側面の話をしているのかをしっかりと意識した上で進めなければ、不毛な混乱に陥《おちい》るだけである。

実りある憲法論議をしようと思うなら、まず、①国内の最高法規としての側面については、正確な法内容の知識、基礎理論に基づく議論が要求される。さらに、②外交宣言の側面については、冷徹な状況判断が重要になる。この二つの側面は、法学ないし国際政治・外交論という専門的な視点から議論されねばならない。

これに対し、③歴史物語の象徴としての側面について語る場合には、人の心や思いといった、個人的な事柄についての豊富な想像力が必要になる。歴史の体験や評価は人によって異なっており、憲法にどのような物語を読み込むかは、人によって異なるからである。

このように、一口に「憲法を議論する」と言っても、どの側面を扱うかで、それぞれ異なる心構えが要求される。ここを押さえた上で、議論を進めていくことにしよう。

1.

憲法の価値を噛みしめる

——国家を縛るとはどういうことか？

唐突な話で恐縮だが、私は「サンモール洋光台」という商店街に行くと、いわく言い難い気分になる。だから何だという気もするが、しばし御付き合い願いたい。願ってまで聞いてもらう話か、という問題もあるが、それも含めてしばし御付き合い願いたい。

この商店街は、駅前にかなり人工的に作られた商店街である。商店街は人が作るものなので、「かなり人工的」も「あまり人工的でない」もない、という主張は確かに理論的なのだが、要するに私が言いたいのは、それはニュータウン開発に伴い計画的に作られた商店街であるということである。

さて、このサンモール洋光台。この名称を聞くと、いろいろなことを思い出す。毎日のように生菓子を買って、日本茶とともに至福の時を過ごしていた中学時代のこと。マンゴー（当時はまだ珍《めずら》しかったと記憶する）なる果物を買い、「異国の果物を買う」という非日常性に浮かれ、肝心のマンゴーを忘れて家まで帰ってきたこと。そして、友人トミナガ（仮名）の兄（その界隈では有名な人物だ）が、突然、トイレからすごい勢いで出てきて、有名なトイレ洗剤を手に「サンポール洋光台！」とダジャレを叫んだこと（当時、大笑いしたが、多分、その面白さは未来永劫《えいごう》、地球上で理解されることはないと思う）。さらに……、と、話せばキリがないが、この辺にしておこう。

とにかく、ここで言いたかったのは、私はサンモール洋光台の思い出について、多分、1時間半の講演ができるということである。しかし、そんな講演をしても、お客さんは（そもそも、聞きに来てくれる人がいるのか、という問題はさておくとして）、開始3分で「あの－、結局、その商店街はどんなところなのですか？」としびれを切らすはずだ。気持ちが折れそうになる質問だが、研究者という職業柄こういう質問には慣れている。そう質問されたら、私は次のように答えるだろう。

「えーと、ニュータウンにありがちな、駅前の普通の商店街ですよ」

長々と憲法と何の関係もない商店街の話をしてきて、まとめがこの一言というのは、あまりにもひどい。ぼちぼち憲法の話に入ってはどうか、という読者の皆様からのお叱《しか》りが聞こえてくる。しかし待ってほしい。私は別に、憲法と無関係の商店街の話をしたいわけではない。正直言うと話したいが、これ以上、サンモール洋光台の話を続けるほど子どもっぽい人間ではない。

こういうことを考えてほしかったのである。つまり、人にはそれぞれ地元の駅とか、青春時代を過ごした学生街とか、思い出の旅行先とか、その場所のことを話し出すと止まらなくなる場所があり、しかし、「その場所ってどんなとこ？」と聞かれると、「スーパーと郵便局がある普通の駅だよ」とか「綺麗な浜辺がある暖かいところだったわ」と、全く間違ってないが、何だか違う気がする答え方になってしまうのではないか、ということである。

そして、「憲法とは何ですか？」と聞かれた憲法学者の気持ちは、そんな、話し出すと止まらない場所について聞かれた人の立場に近い。近いというより、どんぴしゃりである。憲法学者は、ほとんど誰でも、こう答えるだろう。

「憲法は、国家権力を縛るものです」

新聞やテレビなどで、こうした解説に触れた方も多いのではないだろうか。
国家権力は、とても危険である。それが暴走しないよう縛っておかなくてはならない。そのためのルールが憲法だ。だから「憲法は、国家権力を縛るものです」というわけである。この説明は、時間にして10秒あればおつりがくる。そして、誰にとっても分かりやすい。さらに、「縛る」という言葉は、ビジュアル化もしやすい。「短い、明快、絵になる」と、テレビでも十分に通用する要素を備えているわけである。

しかし、である。この一言で済ませてしまうのは、サンモール洋光台を「普通の商店街です」と説明するのと同じくらい味気なく、物足りないことなのである。そもそも、国家権力とは何なのか、どう縛っているのか、そのことにどんな意味があるのか。こうしたことを一つひとつじっくり解き明かす中で、パッと見ただけでは分からない憲法の面白さ、奥行きが見えてくるはずである。

そこで、本章では、心を落ち着けて、「憲法とは、何なのだろうか？」ということを考えてみたい。

1 「国家のルール」としての憲法

「憲法とは何か」を語るには、まず、「国家とは何か」を語らなくてはならない。このことは、「台本とは何か」を語るには、まず、「芝居とは何か」を語らなくてはならないのと一緒である。

国家は、「社会秩序のために権力を作り、それを運用する団体」と定義できるだろう。どんな団体も、それを成り立たせるにはルールが必要である。株式会社には定款《ていかん》があり、サークルには規約がある。取締役や会長をどうやって決めるのか、会費はいくらなのか、何を目的とする団体なのか。こうしたルールがないと、団体として活動することはできない。小さな団体では、ルールは文書になっていないこともあるだろう。しかし、仲良しグループだって、誰をメンバーにするか、どんな活動をするか、など暗黙のルールを共有しているはずである。逆に言えば、そうしたルールがないのであれば、その集団は「団体」ではなく、たまたま人が集まっているだけということになる。つまり、「団体がある」ということは、「共有するルールがある」ということを意味しているわけである。そして、国家も同様に、皇位継承や宰相指名に関するルールや、徴税・徴兵のルールがあって、成り立っている。

このように、国家という団体を成り立たせるルールのことを、英語ではconstitution、独語ではVerfassungという。英語のconstituteは「構成する」という意味だし、独語のVerfassungは団体の定款や規約一般を表現する言葉である。

これらの外国語の翻訳の仕方は、いろいろある。「国家体制」とか「国体」と訳すこともできるだろうし、「国家権力管理規約」といった翻訳もよいかもしれない。しかし、現在では、「憲法」という訳語で統一されている。憲法の「憲」の字は、「目」と「心」の上に物がかぶさる形になっており、人々の勝手な言動を取り締まるルール、国家や政治の根本原則を意味しているそうである（『漢字源』学研より）。

この翻訳は、国家を成り立たせるためのルールの重要性をよく表現していると思う。ただ他方で、それが日常生活とは関係のない崇高《すうこう》で重々しい秘法であるかのようなニュアンスを持ってしまっている。もし、それが憲法や憲法学から人々を遠ざける要因になっているとしたら残念なことである。本書でも、もちろん憲法という言葉を使うが、この言葉を見てよそよそしい気分にならないでいただきたい。

さて、人類の歴史の中では、様々な国家が成立してきた。それらの国家の「憲法(constitution, Verfassung)」は、非常に多様である。現代の先進国で採用されている憲法は、国民の権利を保障し、国家権力を拘束《こうそく》するが、歴史的に見れば、独裁的・専制的な憲法も多い。例えば、専制国家の憲法は、「臣民は王に従え」というものだったし、江戸徳川幕府の憲法も、徳川将軍の権力はほとんど縛らず、「諸大名は参勤交代で務めを果たせ」「庶民は、身分をわきまえて行動しろ」といった内容で、人々にあれこれ義務を押し付けるものだった。

そうすると、憲法は必ずしも「国家権力を縛るもの」ではないのではなかろうか。にもかかわらず、なぜ、現代では、そのように説明されるのだろう。次にこの点を掘り下げていこう。

2 権力はなぜ必要なのか

さて、先ほど国家とは、権力を作り運用する団体だと言った。ここに言う権力とは、「相手の意思を無視して、人を従わせる力」を意味する。

権力は、個人のレベルで見た時には、我々一人ひとりの意思を無視するという意味で、不快な響きのある言葉である。なぜ、権力が必要なのだろうか。

ごく簡単に言えば、人が集団で生きるために、つまり、社会秩序を作り、維持するために権力は必要不可欠なものだからである。

財産秩序を守るためには、詐欺や強盗は処罰されなければならない。交通ルールを成り立たせるには、ルールをみんなに教え、違反者を罰しなければならない。犯罪者や交通ルールの違反者に刑を科すには、権力がどうしても必要である。また、社会保障を確保し、橋や道路を造るためには、反対する人からも税金を取り立てなくてはならず、やはり、権力が必要になる。

もちろん、人は一人で生きていけばよいのであって、社会秩序がどうなろうと構わないというアバンギャルドな立場を採るなら、権力も国家も必要ない。しかし、それはやはり極端というものだろう。人と人とが共存し、社会秩序を成り立たせるには、権力を樹立し、維持しなくてはならない。

3 人々はなぜ権力に従うのか

では、なぜ、人は権力に従うのだろうか。その原因はいろいろである。ごく単純な説明は、逆らうと不利益があるからである。暴力を振るわれるかもしれない。お金がもらえないかもしれない。みんなから白い目で見られるかもしれない。有形・無形の不利益を逃れるために、嫌でも従う。それが権力というものだ。これはとても分かりやすいし、これで説明できる権力も多い。

とはいえ、権力の源泉は、こうした不利益の予告だけではない。少しややこしくなるが、権力というものの理解には、大事な話だと思うので、しばし御付き合いいただきたい。

我々は、自らの行動を自分で決定している。自己決定というやつである。全ての人に自己決定が大切だと認識されるようになったのはそんなに昔のことではない。近代になり、個人の尊重が叫ばれ、全ての人は自分のことを自分で自由に決めていいはずだ、という思想が普及したのである。それまでは、家長の命令に従う、王の命令に従うのが当たり前で、自己決定などというのは、大事だと思われていなかったわけである。

自己決定は、そう簡単なことではない。すごく疲れるのである。これは家のリフォームをやってみるとよく分かる。リフォームは新築物件（もちろん、注文住宅の場合は除く）を買うよりはるかに疲れる作業である。一体、どういうことだろうか。

まず、家のリフォームは、一生にそう何度もあることではない。費用も高く、一度、壁紙や水栓金具を選べば、そう簡単に交換できない。これだけでも厄介《やっかい》だが、本当に厄介なのは、ここから先である。とにかく、選択肢の数が多いのである。「ドアノブ」を選ぶには、各種メーカーのパンフレットを比較し、ショールームに通う必要がある。ドアノブのショールーム。そこには、100種類以上のドアノブが並んでいる。当たり前のことながら、いずれもドアノブで、どれを取り付けても機能するし、デザイン性もそれぞれ個性がある。どれかがダントツに優れているというわけではない。しかし、付けられるのはそのうち一つ。

ドアノブという、よく知ってはいるが、深く考えたことのない問題を考え始めると、すっかり途方に暮れてしまう。しかも、水栓金具や壁紙など、他にも決めなくてはならないことがいくらでもあり、その組み合わせの数は、数百種類×数百種類×数百種類。大げさではなく、天文学的な数である。ああ、誰でも良いから、適当に選んで決めておいてはくれないだろうか。そんな時、「分かりました。私が全て決めてあげましょう」という建築家が現れたら、「先生の言うこと、何でも聞きます」と身を委《ゆだ》ねてしまうだろう。

ついつい、話がドアノブにそれてしまったが、選択肢の数が多く、しかも取り返しのつかない大事な決定を自分で引き受けるのは、本当にしんどいことである。ところで、この選択肢の数が多く、取り返しがきかないのは、まさに人生の選択というやつではないか。人生の選択において、この建築家の位置に座り、「朕《ちん》の命じるままになすがよい」と言ってくださるのが、国王とか国家という存在、いわゆる権力者である。権力者に従い、「この土地を耕して一生を終えればよいのですね」「この中から夫を選べばよいのですね」「武器を取ってこの国と戦えばよいのですね」と言って生きるのは、ある意味で、とても楽である。そう。権力とは、自分では引き受けられない大事な決定を引き受けてくれるありがたい存在なのだ。

このように、誰かに決定をしてほしいという人々の願望も、権力の源泉となる。

4 権力の資源

結局、権力に従う人には、何らかの自己決定をしているにもかかわらず、「自己の意思に反して」従う人と、自己決定をしないまま「自己の意思に代えて」従う人の2種類がいる。

だとすれば、権力を樹立し、維持するための資源も、2種類必要になることが分かる。

まず、「自己の意思に反して」従わせるためには、権力者は、服従しない者に有形・無形の不利益を課したり、あるいは、服従する者に有形・無形の利益を与えたりする必要がある。そのためには、警察力や司法システムを整備し、補助金を用意するなど、莫大なお金と人が必要になる。

次に、「自己の意思に代えて」従わせるためには、「決定を委ねて良いほど、立派な人だ」とか「立派な組織だ」と思わせなければならない。そのためには、優秀な人材を官僚組織にそろえ、諸々の専門家を集めるなどして、普通の人とは実力や格が違うことを示さなければならない。こうして、権力者に決定を委ねたほうが、より良い決定ができることを担保するのである。このようにして確保される、決定事項についての内容的な正しさを、正当性と呼ぶ。

さらに、荘厳な宮殿や立派な礼服が醸《かも》し出す崇高な雰囲気も、大事である。例えば、日本の国会議事堂はとても立派な建物だが、あれがプレハブ小屋で、議席がパイプいすだったら、全く同じ法律を議決しても、なんとなくありがたみが違ってくるだろう。ある団地管理組合でも、団地総会の理事選任時にエルガーの「威風堂々《いふうどうどう》」を流し、理事全員がモーニングで大理石の玉座で執務するようにしたら、理事会に寄せられる苦情が減ったという(この話はウソである)。このように、決定事項についての感情的な納得しやすさを正統性と呼ぶ。

5 国家の必要性

ともあれ、権力を樹立し、維持するには、軍事力・財力・人材・専門知識・荘厳な宮殿・大理石の玉座といろいろなものが必要である。どれも金のかかるものばかりではないか。なので、これらの資源は、到底、個人一人の力で用意できるものではない。とすれば、国家を作るには、人が集まり納税や徴兵などの形で、それぞれの資源を出し合うしかない。こうして国家という団体ができ上がるわけである。

さて、人類の歴史の中では、様々な国家が作られてきた。ローマや秦《しん》などの古代帝国はもちろん、封建時代の荘園・ギルド・教会なども、規模は小さいが、一つの国家と言っていいだろう。

近代以前の特徴は、ある領域に複数の権力団体が存在するのが普通だったことである。例えば、いわゆる鎌倉時代は、鎌倉幕府が日本全域に統一的な権力を行使《こうし》していたわけではなく、朝廷の権力に属する公家たちと、鎌倉幕府の統制に服する武士たちとが併存し、それぞれに訴訟などを処理していたという。鎌倉幕府は、公家の規律には手を出さないし、他方、朝廷は武士たちを規律できず、鎌倉幕府に「きちんと武士を統制してくれ」と書状を出したりしている。

これに対し、近代国家は、その領域内の権力を独占している。近代国家により独占された領域内で唯一・最高の権力のことを「主権」と呼び、その担《にな》い手たる近代国家はしばしば「主権国家」と呼ばれる。

次に、なぜ主権国家という近代特有の国家が成立したのかを考えていこう。こうした国家が成立した背景には、欧州の悲劇の歴史がある。

6 宗教戦争の歴史

近世欧州の最大の悩みの種は、宗教戦争であった。16世紀に、カソリックとプロテスタントの対立が始まり、荘園領主・教会などの権力団体は、教義の正しさと経済的利害と復《ふく》讐《しゅう》心を賭《か》けて、血みどろの闘争を繰り広げた。当時の政治学者の分析によると、この紛争が長期化し拡大したことには、二つ要因がある。

第一の要因は、宗教というものの性質である。宗教とは、「検証不能な事実に基づく、本質的に無根拠な前提」である。つまり、科学的な根拠に基づき証明できない、ということが宗教命題の特徴である。例えば、「この世界は、世界の外にいる神が創った」という命題は、立証しようがない。なにしろ、「世界」の前や後に何があるのか、「世界」の外に何があるのか、などということは、「世界」から出た者でないと観察し得ないが、我々は決して「世界」の外に出ることができないからである。したがって、この命題を信じるか否かの選択も、「信じたいから信じるのだ」というだけの無根拠な選択にならざるを得ない。

もっとも、根拠付けられないものは全て嘘だ、無意味だと叫ぶのは、かえって不合理な態度である。人間には、知覚や視覚に限界があり、認識能力や寿命にも限界がある。そうした限界を宗教によって補い、「一応の説明」によって安定した世界観を示すのも、実際生活上は合理的である。

また、宗教は、人間が生きていく上で、いろいろな示唆《しさ》や希望を与えてくれることも事実である。自分や親しい人の死は人類共通の心配事で、「死後の世界」はあってほしい、そこは幸福に満ちた場所であってほしいと願う。そして、この願いに形を与えるとすれば、宗教の形にならざるを得ない。宗教は、死後の世界に形を与え、心の平穏をもたらしてくれるわけである。

このように、宗教は、人の能力の限界を補い、また、人の心の支えとなる。宗教は人間の生を強く規定する要素なのである。

しかし、一方で、宗教は無根拠な前提であるから、科学が全ての人に共通するただ一つの真理を求めるようには、統一することはできない。ある宗教を信じることができるかどうかは、人の性格や生まれ育った環境にかかってしまう。例えば、私は、海に近い場所で育ち、嗜好も山派ではなく海派なので、海を信仰する気持ちはなんとなく分かる。他方、山が崇《あが》められる感覚は、今一つ分からなかったりする。つまり、宗教は、人の生を強く規定するにもかかわらず、統一は不可能なのである。

このため、宗教対立は、それが深刻であるにもかかわらず、解消が極めて困難である。その上、経済利害や領土欲が絡《から》むとなると、人間関係は、本当に酷《ひど》いものになる。そんなことが起こらないよう、神に祈りたくもなるだろう。

さて、これだけでも深刻だが、近代以前の欧州には、ただでさえ大きな宗教対立という火種に、油とガソリンを注ぐ第二の要素があった。つまり、統一的な権力団体の不在である。先ほど述べたように、近代以前の欧州は、国王・領主・教会・ギルドなど、中小規模の権力団体が併存しており、それぞれに武装した一族郎党を抱えていた。

このため、ある団体と別の団体とが一悶着《ひともんちゃく》起こすと、すぐに暴力的な紛争になってしまう。暴力的な紛争の最大の特徴は、「混乱」である。誰が何発殴ったか。誰がどこまで相手の土地を侵犯したか。そんなことを緻密《ちみつ》に認定できる暴力紛争は、ない。結果、それぞれが主観的に相手を非道者扱いし、怨念《おんねん》や復讐心が蓄積される。こうして復讐が復讐を呼び、大変な紛争状態になったのである。

7 主権国家の思想

そんなわけで、16世紀以降、欧州は悲惨《ひさん》な闘争の時代が続く。こうした闘争の悲惨さに疲れた人々は現世の安全を求め、政治学者や哲学者はある国家構想を提唱した。その国家構想が、①世俗的で②統一的な権力主体というコンセプトである。

今まとめたように、16世紀からの宗教戦争の第一の問題は、それが①理論的説得が不可能な「宗教的」紛争だった、というところにある。権力と宗教が結び付いてしまうと、権力が宗教的対立にまき込まれ、収拾不能な闘争をもたらす。それを回避するため、権力は、宗教に介入するのをやめて、専《もっぱ》ら世俗的問題を扱うに止めようではないか、ということになった。

次に大事なのは、②権力の統一である。中小規模の武装団体が併存していると、社会的紛争が起きた時、復讐が復讐を呼び、何が何だか分からない間に紛争が拡大していく。そこで、中小規模の団体には武装を放棄してもらい、公平中立な統一権力の前で、暴力とは違う形で決着をつけてもらおうということになった。

国家は、①人々の宗教に関与しない一方、②強大な権力を担う。この帰結として、宗教はそれぞれの人が個人で選択するものとなり、暴力で宗教を強制しようとする主体は、カソリックだろうがプロテスタントだろうが国家により抑圧される。

こうしたコンセプトを明快に表現したのが、17世紀に悲惨な内戦を経験したイングランド出身の哲学者・政治学者のトマス・ホッブズ大先生である。ただし、ホッブズ先生が重視したのは、何よりも②権力の統一であり、①宗教問題については、そっけない態度である。ホッブズ先生によれば、国家が何をしようと人々は心の中で自由に信仰を選べるから、主権者の宗教強制が気に食わなければ、とりあえず「外形」的に従っておけ、天国では救われるからどうでもよいのだ、というようなドライと言うか、何と言うか、な議論を展開している……。

ともあれ、ホッブズ先生の議論の影響などもあり、欧州では次第に、宗教とは一定の距離をとり、強大で統一的な権力を持つ近代的な国家が成立していく。近代国家の持つ強大で統一的な権力を「主権」と呼ぶ。主権は、対外的には、他国からの干渉を受けないという意味で、独立の権力である。また、対内的には、全ての者を従わせるという意味で、最高の権力である。近代国家は、こうした主権を備えているので、しばしば主権国家と呼ばれる。この主権国家の構想は、欧州列強の大航海と植民地開拓・その独立を経て、世界中に広まった。こうして、現代の世界で、国家と言えば、その領域の権力を独占した団体、主権国家のことを指すようになる。

8　主権国家の難点

主権国家が成立し、権力の独占が進むと、次第に中小規模の武装集団による権力紛争は解消していった。しかし、人々は、主権国家の成立により、新たな二つの大きな課題に直面することになる。一難去ってまた一難。主権国家の時代に生きる我々としては、この課題から目をそらすわけにはいかない。しっかり見ておこう。

第一の課題は、言うまでもなく主権国家同士の紛争、つまり「戦争」である。主権国家は、それまでの中小権力団体とは比較にならないくらいに巨大な団体であり、主権国家同士が戦いになれば被害甚大である。おまけに、主権国家の創世期は、欧州列強が領土と植民地の獲得競争に明け暮れた時代であった。ここから、近代国際法の挫折《ざせつ》と発展の歴史が始まる。この点は、第4章で取り扱うことにしよう。

第二の課題は、国内での権力濫用《らんよう》である。主権国家は、領域内で逆らうもののない権力団体であり、その気になれば、いくらでも国民を弾圧できる。そして、残念ながら、どんなに良い人であっても、強大な権力が与えられれば堕落《だらく》する。これは、とても大事なことである。選挙前は謙虚なことを言っていた政治家が、当選後、突然傲慢《ごうまん》な態度を取り出すというのは、まあよくある現象である。

主権国家の場合も、それが課題だった。例えば、イギリスは、かなり古い時代から国王に権力が集中していたが、それをいいことに、イギリス王は、しょっちゅう高額の税を取り、大陸遠征を企画した。いい迷惑だ。フランス絶対王政も、権力の統一にはかなり成功したが、18世紀末に深刻な財政難に陥って、税負担を拡大しようとした。維新の元勲たちが理想を持って築き上げた大日本帝国も、ある時期から、治安維持法だの、天皇機関説の出版禁止だの、いかがなものかと思う形で権力を振るい始めた。

ところで、権力者の横暴というのは、庶民にとってはとんでもなく困った代物《しろもの》なのに、時が経てばそれが無駄ではなかった、というような状況になるかもしれないのが悩ましい。ヴェルサイユ宮殿に代表されるように、歴史的な建造物は、権力者のわがままを突き詰めて造られたもので、当時の人々を苦しめる悪の象徴だったわけである。

しかしながら、今になってみれば、権力者の横暴による無駄遣いによって、とんでもないスケールの豪華な建物ができたせいで、世界でも比類なき観光地として、都市の財政を潤《うるお》している。たくさんの真面目な人々の意見をしっかり聞いて、無駄なお金を省《はぶ》いて造った建築は、どんなに合理的でも、人々を魅了《みりょう》することはできないだろう。個人的には、ベルリンのモダニズム集合住宅群が気になっているが、ヴェルサイユ宮殿とどちらか一つしか行けません、と言われたら、パリを選んでしまいそうな気がする。

芸術振興の観点からは、何が最良の選択肢なのかを「公平に」決めるのは難しい。とんでもなく不公平な資金集中をしながら、他の人々には迷惑がかからない、というような、魔法がどこかにないだろうか。

9 立憲主義の構想

文化振興についての脱線はこれぐらいにして、権力の暴走の話に戻ろう。

権力の統一は必要だから、主権国家は作らざるを得ない。しかし、その力は、ホッブズ先生の言うリヴァイアサン・怪獣である。なので、それをなんとか押さえ付けなくてはならない。一体、どうするか、ということで、次のようなアイデアが提出される。

主権国家を成り立たせるルール、つまり主権国家の憲法に、権力濫用を防止するルールを盛り込んではどうだろうか。例えば、国家が国民から奪ってはならない権利を盛り込んでみてはどうか。あるいは、権力を立法権と執行権に区別してみてはどうだろうか。

こうしたアイデアが整理され、「憲法には、人権保障と権力分立という権力濫用を防止する内容が盛り込まれなくてはならない」という構想が成立した。これを立憲主義

（constitutionalism）という。そして、この構想が一般的になって以降、「憲法」の概念は、単なる国家の基本的ルールではなく、「立憲主義の構想を前提とした国家のルール」と定義されるようになった。フランス人権宣言16条はこれを端的に表現して、「権利の保障が確かでなく、権力分立も定められていないような社会はすべて、憲法をもつものではない」と規定している（『［新版］世界憲法集』高橋和之編〈岩波文庫〉、319頁）。

フランス人権宣言の定義を前提にすると、独裁国家や専制君主国は「憲法」を持たない団体であり、まともな国家ではないことになる。フランス人はともかく、他の国の人は、なぜ我が国がまともかどうかをフランス人に決められなくてはならないのか、と思うところだろう。しかし、この定義は、近代欧州の歴史を通じ、フランス以外の国にも広がり、その後、アメリカや日本に伝わり、現代では、世界中に広まっている。

この事態を、フランス人は押し付けがましく、それ以外の国の人は奥ゆかしい性格だと捉《とら》えることもできるかもしれない。しかしながら、現代の多くの国家が、この思想を受け入れたのは、やはり、立憲主義という構想が優れたものだったことが大きいだろう。そもそも、このフランス人権宣言自体、それまでの欧州各国の政治学・哲学の発展、イギリスの名誉革命やアメリカ独立戦争などで生まれた思想や構想を下敷きに、その集大成として成立したものである。

立憲主義の良さは、権力の統一という主権国家構想だけを受け入れ、立憲主義を採用していない現代の独裁国家の様子を見ればよく分かるだろう。人権保障や権力分立をしない独裁国家は、現代でも世界各地にあるが、いずれも一般国民のレベルで考えた時に、住みやすく理想的な国家とは言い難い。言論弾圧、予期せぬ財産侵害に、不当逮捕・刑罰が横行してしまう。結局のところ、主権国家を作る場合、立憲主義という安全装置が、どうしても必要である。

さて、こうした立憲主義の構想を前提とすると、「憲法」はただの国家を成り立たせるルールではなく、国家権力を統制し、濫用を防ぐための非常に重要なルールだということになる。このような立憲主義の構想を前提とした権力を統制するための憲法を、「立憲的意味の憲法」という。この立憲的意味の憲法は、まさに国家を縛るためのものと言えるだろう。

こうして、「憲法は国家を縛るものだ」という定義が成立する。この短い定義の背後にある歴史や構想の重さを、噛みしめていただければ幸いである。

第1章まとめ

本章の議論をまとめると、次のようになる。

憲法とは、広い意味では、国家を成り立たせるためのルールである。国家とは、権力を作り運用する団体であり、歴史上様々な国家があった。しかし、欧州で悲惨な宗教戦争の時代を経て、世俗的で統一的な権力を有する主権国家の構想が成立した。

主権国家は領域内の権力を独占する巨大な団体である。これが成立し、ようやく宗教戦争は終わった。しかし、人々は、この主権国家という怪物をどうやって統制したらよいか、大いに悩まされることになる。そして、成立したのが、「憲法には、人権保障と権力分立を盛り込まねばならない」とする立憲主義の構想である。立憲主義の構想を前提とした憲法を、立憲的意味の憲法と呼び、日本の憲法もこれに属する。

序章に述べたように、日本国憲法には、三つの顔がある。その第一が、国内の最高法規としての顔であった。日本国憲法は、第三章で国民の権利保障を規定し、第四章以下で権力分立を規定する。このような形で、立憲主義の構想が具体化されている。立憲主義の実現は、国内法典としての日本国憲法の最も重要な役割と言えよう。
そして、こういう背景があるから、「憲法は国家を縛るもの」と説明されるわけである。

さて、ここで、サンモール洋光台の話に戻ろう（戻るのか）。先に述べたように、人にはそれぞれ地元の駅とか、青春時代を過ごした学生街とか、思い出の旅行先とか、その場所のことを話し出すと止まらなくなる場所がある。

その場所について「要するに、どんな場所なの？」と味気ない質問をすれば、その人は、「普通の商店街」とか「綺麗な浜辺」と一言で表現してくれるだろう。その一言で分かることも多い。いや、それで分かることがその場所の大半だろう。しかし、その一言で分かることだけに止まってしまうのは、何ともつまらないではないか。その人が「普通の商店街」とか「綺麗な浜辺」と言っているその場所には、些細なようでいて、実は、ものすごくいろいろな意味があり、魅力的な出来事がある。思い出の「普通の町」を舞台に作品を書き上げる漫画家や小説家が多いのも、きっとそのせいである。この文章を書いていて、私は、石黒正数『それでも町は廻っている』を無性に読みたくなった……。

ところで、その場所のことを数時間かけて聞き出した後には、その商店街や浜辺は、全く違うものになっている。かすれた看板や、砂浜の一粒一粒がいとおしく、あるいは、あまりにも面白い存在になっていたりするのである。小説や漫画の舞台となった「ただの商店街」や「特に特徴のない地方都市」を訪れる「聖地巡礼」が行われるのも、そういうことだろう。ぜひ、皆さんにもサンモール洋光台を体感していただきたい。

というわけで、サンモール洋光台の話はこの辺にして、憲法の話に戻ろう。憲法学の楽しさの一つも、実はそれに似ている。テレビで憲法学者の先生が「憲法は国家を縛るものです」と言う時、そこには西欧の宗教戦争の歴史や、主権国家の構想を懸命に考えた哲学者の人生、その哲学者が「この世界は万人の万人に対する闘争だ、とかくこの世は生き難い」と訴えながら90歳まで生きたこと（生きられるじゃん！）、といったことが頭をよぎっている。憲法学を勉強しているとそういうことが分かる。

「国家を縛る」という言い方以外にも、「自由は大切です」「国民は平等でなくてはならないのです」「戦争はいけません」などなど、一言でイメージを伝えるキーワードはもちろん大事だ。でも、その先がある。これらの言葉が表現している歴史的な出来事や哲学的考察、それにまつわる諸々のエピソード。こうしたことを理解した時、自由や平等や戦争禁止の概念は、「ただの商店街」のかすれた看板が一つの小説との出会いで輝き出すように、それまでとは違った光を放ち始めるのである。その人の中で。

憲法は国家権力を縛るものであり、日本国憲法もその一種である。このように書くと、日本国憲法が立憲的意味の憲法だということはよく分かったが、それは具体的にどのような内容なのか、という点が気になってくるのが自然である。

そこで、次の章ではこの点を掘り下げてみたい。

2.

日本国憲法の内容を掘り下げてみる

――いわゆる三大原理は何を語っていないのか？

あまりに分かりやすいものを見た時、人の心には隙《すき》ができる。

一例を挙げよう。ある日、テレビを見ていると、誰がどう見てもカツラに見えるカツラを被った人物が映った。カツラというものは、「カツラに見えないこと」を至上の目標とする存在であり、誰がどう見てもカツラに見えるカツラは、何かこう、「何も切れない包丁」とか「全てを通過させるザル」のような形容矛盾を感じさせる。そして、恐らく、テレビの前でその映像を見ていた人の中には、私と同様、「バレてるよ」と突っ込みを入れ悦に入っていた方も少なくないだろう。

しかし、翌日、トミナガの指摘に衝撃を受けた。

「確かに、あれはカツラだったよね。でも、あの時、あの人のネクタイが床につくほど長かったのに気付いた？」

なんたる失態だろうか。「床につくほどのネクタイ」というスゴイものを見ていながら、私はそれに気が付かなかったのだ。そして、恐らくほとんどの視聴者がそうだっただろう。このことの教訓はこうである。

あまりにも分かりやすいものは、何かを強力に隠ぺいする。

さて、例によって、憲法の勉強をしたいのだから、カツラとネクタイの話なんてどうでもいい、という不満の声が聞こえてくる（なお、このあり得ないカツラとネクタイを着けた人物の話はフィクションであり、この人物は実在しない）。

本論に入ろう。日本国憲法の内容である。

日本国憲法と聞くと、①国民主権、②平和主義、③人権保障の三大原理を思い浮かべる人は多いだろう。小学校や中学校では、とにかく、まずここをビシッと教え込まれる。確かに、この三大原理は、どれも重要な原理である。

しかし、日本国憲法の目次を見てほしい。

〈日本国憲法の目次〉

前文
第一章　天皇
第二章　戦争の放棄

第三章　国民の権利及び義務
第四章　国会
第五章　内閣
第六章　司法
第七章　財政
第八章　地方自治
第九章　改正
第十章　最高法規
第十一章　補則

どうやら②平和主義は「第二章　戦争の放棄」と、③人権保障は「第三章　国民の権利及び義務」と関係しそうだが、①国民主権については、少なくとも、それに相当する表題の付いた章はない。また、三大原理とは直接関係のなさそうな章がたくさんある。このため、「三大原理」を覚えただけでは、日本国憲法の全体像を把握できない。さらに言えば、実は、日本国憲法の内容を「三大原理」に整理してしまうことは、ある重要な憲法原理を隠ぺいしてしまう作用がある。

とはいえ、日本国憲法の全体像を解説しようとしたら、大学で6単位分、時間にして90分講義45回分の分量が必要であり、全てを伝えるのはとても現実的ではない。

そこで、②平和主義は第4章で、③人権保障は第3章で扱うこととして、本章では、①国民主権を中心に検討し、その上で、「三大原理」の陰で、見落とされてしまう日本国憲法の原理を検討していこう。

ここからの話は、難しく専門的なことも多いが、日本国憲法の第一の顔、国内の最高法規としての側面を理解するには、とても重要である。細かい概念を一つひとつパズルのピースを探すように埋めていく作業も、歴史研究に並ぶ憲法学の醍醐味《だいごみ》の一つである。その細かさこそを楽しんでいただきたい。

1 国民主権と天皇制

実は、国民主権の原理を表現しているのは、「第一章　天皇」の部分である。第一章は、次のような条文から始まる。

【日本国憲法1条】

天皇は、日本国の象徴であり日本国民統合の象徴であつて、この地位は、主権の存する日本国民の総意に基く。

この条文はとても有名な条文である。大学の教養課程の試験で日本国の「象徴」部分を空欄にして穴埋め問題を出したところ、受講生200人中199人が正解した。ちなみに、不正解1名は、「天皇は、日本国の［不動の四番］であって……」という解答だった。

この条文の後段が、「主権の存する日本国民」と明示しており、国民主権の原理をうたっている。主権とは、近代国家の持つ強大で統一的な権力である。その範囲は、国家権力の総体、つまり、国土整備・財政・教育文化・外交・軍事など全ての国家業務に及び、また、その作用も、立法・行政・司法といった全ての権限を包摂する。この主権が「国民」に属している以上、日本国のあらゆる権力は「国民」の意思に従って行使されなければならない。これが国民主権の原理である。

そして、憲法1条は、主権者たる「日本国民の総意」として、「天皇」が日本国を象徴すると規定している。では、日本国を象徴するとは、どういう意味なのか。せっかくなので、少し考えてみることにしよう。

そもそも「日本国の象徴」とは、どういう意味だろうか。これを理解するには、「日本国とは何か？」ということを整理する必要があろう。

「日本国とは何か？」と言うと、いかにも深淵《しんえん》で崇高な設問のように見える。これを巡って丸々一冊議論するような書籍もある。しかし、法的思考をしようと思うなら、そんなに難しく考える必要はない。要は言葉の定義の問題にすぎない。「金魚とは何か？」「豆乳を使ったプリンは、プリンと言えるか？」といった設問と大きな違いはないはずである。第1章に説明したように、国家は、権力を作り運用する団体であるから、「日本国」とは、日本と呼ばれる地域にある権力団体だと定義しておけばよい。

では、そうした日本国という団体を「象徴」するとは、どういうことだろうか。この点は、団体が成立するとはどういうことか、を考えてみると分かりやすい。

団体は、複数の人が「団体を作りましょう」という約束をして成立する。例えば、夫婦は、男（性）と女（性）が婚姻《こんいん》の約束をして成立する。ところで、「約束をしているかどうか」は、目に見えない。例えば、親しそうな男女が街中を並んで歩く様子を見ただけでは、二人が「夫婦」なのか、ただの「仕事仲間」なのかは分からない。それが不便なこともあるだろう。というわけで、しばしば「約束」を目に見える形で表現するものが使われる。例えば、おそろいの結婚指輪であったり、婚姻契約の契約書であったり、ペアルックのTシャツであったり。これらが象徴というやつである（今どきのペアルックのTシャツは、夫婦関係以上の何かを象徴している気がしないでもないが……）。

さて、日本国という団体も、日本国民が「みんなで国を作りましょう」という約束事を受け入れていないと成り立たない。もし、その約束事が忘れられてしまうと、困ったことにもなるだろう。約束を忘れないように、何か「象徴」を用意しておくことが有益である。とはいえ、1億人もの国民が、皆で同じ指輪をしたり、ペアルック、もとい国民ルックを着たりするわけにはいかない。ということで、皆で同じ歌を歌ったり、旗を掲げたりする。あるいは、「象徴」になってくれる人を置いてもいいだろう。

天皇は、「人による象徴」の仕事をしているわけである。

2 人による象徴の長所・短所

この「人による象徴」には、長所と短所がある。

長所は、言葉を話したり、お辞儀をしたりできるところである。

例えば、内閣総理大臣や最高裁長官のような大事な仕事は、国家全体で任命する形をとりたい。しかし、国民全員が集まって「任命します」と言うわけにはいかないから、国家全体の「象徴」が任命することで代替させることになる。同じ「日本の象徴」とはいっても、「国旗」や「国宝」が内閣総理大臣を任命する、という事態はアバンギャルドすぎる。他方、天皇陛下は、人間なので、「任命します」と言うこともできるし、任命された人にお辞儀をすることもできる。そこで、憲法は、天皇が、日本国という団体の象徴として、首相や最高裁判事の任命（6条）、憲法改正・法令の公布、国会召集や衆議院解散などの国事行為（7条）を行うよう定めている。

では、「人による象徴」の短所は何かと言えば、人である以上、個性があること、つまり、個人の考え方ややりたいことがある点である。

象徴の仕事をしている人も、人間だから、話していて楽しいと感じる相手もいれば、ちょっとやりにくいなと感じる相手もいるだろう。好きな食べ物もあれば、苦手な食べ物もあるだろう。しかし、日本国は、様々な思想・政治信条・宗教・職業を持ったたくさんの国民で作る団体である。その象徴が、「○○党を支持します」とか、「△△教以外の宗教は邪教です」とか、「しいたけは嫌いです」と言い出したらどうだろうか。○○党以外の政党の人や、△△教以外の信者や無宗教者、反宗教者、しいたけ農家の皆さんの立つ瀬がなくなってしまう。

そこで憲法は、天皇は、あくまで「憲法の定める国事に関する行為のみ」を行い、「国政に関する権能を有しない」と定めている（4条）。天皇陛下は、国事行為をする時、個人の考えを出してはならず、内閣総理大臣の任命については国会（6条1項）、それ以外の場合は内閣の助言と承認に従わなければならない（3条、6条2項）。そして、天皇陛下個人の考え方ややりたいことは、あくまで「象徴」という仕事から離れたところ、すなわち私的活動としてやっていただくことになる。

また、政治家や国民が天皇を政治目的で利用することも自重しなければならない。

例えば先頃、ある国会議員が園遊会で私信を渡したことが、天皇の政治利用ではないかと問題になった。これは、憲法学的に見た時、「天皇という偉い人に手紙を渡すなんて失礼だ」という問題ではない。園遊会という、大勢の人々が集まる会、つまり、いろいろな考え方・思想の人々がいる場所で、特定の人からの手紙を受け取れば、その人に対して特別の取り扱いをすることになってしまう。そうすると、特定の人々と特別な関係を持つことになり、「全国民の象徴」という天皇の立場と矛盾してしまうのである。つまり、天皇の政治利用の禁止とは、象徴天皇制の帰結として、公の場で、自分の主義・主張への賛意・共感を求める行為、あるいは、そう国民に見える行為をすることは、許されない、とする原則である。

これが、日本国憲法第一章の定める天皇制の内容である。

3 「民主化された元王国」の課題

では、なぜ、憲法第一章は、天皇制と国民主権の原理をセットで規定しているのだろうか。いろいろな理解の仕方があるが、やはり天皇という地位が持つ実際的な影響力から理解するのがいいだろう。

国家の歴史を振り返ると、生まれた時から国民主権国家だったという例は少なく、ドイツ・フランス・イタリアなどがそうだったように、元々は、王政・帝政や貴族政だった国のほうが多い。アメリカのように近代思想に基づき人工的に作られた国は、かなり例外的だろう。国家というのは、人が集まって作るものなので、「人工的」な国家とそれ以外の国家を区別するのは奇妙な話だが、近代思想に依拠《いきょ》して意識的に作られた、くらいのニュアンスである。

さて、王政や帝政を採用していた国家が、国王や皇帝の地位を廃し、国民主権の国家を作った場合、「元国王」や「元皇帝の子孫」は、かなり大きな政治的影響力を持つのが普通である。国内には、民主国家を良く思わない復古勢力がいることも多い。また、今の生活に疲れきって、嫌な時代の記憶が薄れた人々の中には、「昔は良かった」と王政への愛着を持つ人も出てくる。こうした王政復古への感情をどうコントロールするかは、「民主化された元王国」に共通の課題である。

この課題には、いくつかの対応がある。第一は、王政復古につながる要素を徹底的に排除し、弾圧する方法である。極端な形では、元国王一家は処刑し、元貴族の財産を没収し、公の場で王政復古を唱えた者に重罰を科すことになる。この方法は、上手くいけば国民主権と矛盾する要素を根絶できるが、王政復古派の激しい抵抗を招き、かえって国家を不安定にする危険もある。フランス革命は、かなり強引な形で王政を廃したものの、それにより成立した国民主権国家は不安定で、ロベスピエール独裁やナポレオンの登場を招き、結局は、ウィーン会議後に王政が復活した。フランスで、国民主権が定着したのは、大革命からおよそ1世紀経った19世紀後半のことである。

第二の対応は、王政や貴族政を一定範囲で許容し、徐々に国民主権国家に慣らしていく方法である。例えば、1688年のイギリス名誉革命では、国王が権利章典や議会制定法に従うことを条件に、議会が王政の継続を認めた。これはある意味では妥協《だきょう》の産物だが、国家の安定という観点から優れた選択だったことは否定し難い。その後のイギリスで、大規模な内戦や凄惨《せいさん》な革命闘争が起きなかったことは、イギリスの経済発展の基礎にもなったと言えるだろう。

現代の日本国も、「天皇主権」を採用する大日本帝国から、「国民主権」を採用する日本国へと転換した「民主化された元王国」の一つである。したがって、まだまだ国民主権国家としては不安定さがあり、復古的思想が根強いのも、歴史的文脈の中ではやむを得ないかもしれない。この不安定さを乗り越える戦略として、日本国憲法は、天皇の職位自体は残すという、第二のアプローチに近い方法を採ったと言える。

この方法による場合、王政復古派との緊張は一定程度緩和されるが、逆に、国民主権の原理がうやむやにされてしまう危険もある。このため、憲法は、あくまで天皇の地位は「主権の存する日本国民」が認めた範囲で認められるものにすぎないと宣言し（憲法1条）、その権限も形式的なものにすぎないと強調している（憲法4条）。

このように、憲法第一章は、「天皇」という表題の下で、国民に主権があるということを宣言し、国民主権が蝕《むしば》まれないように、天皇制の限界を規定しているわけである。憲法第一章の実質的な内容は「国民主権」であるにもかかわらず、表題を「天皇」としているのには、日本国憲法制定に携《たずさ》わった人々の、王政復古の感情への並々ならぬ配慮《はいりょ》と妥協を感じさせるが、深入りはやめておこう。この表題の付け方は、あからさまにカツラと分かるカツラのようなもので、表題を取り去り実質的な内容を見れば「国民主権」の章なのだ、ということはきちんと理解しておくべきだろう。

4 三大原理論が隠ぺいするもの

このように、憲法第一章は、「天皇」という表題が付いているのでちょっと分かりにくかったが、国民主権をしっかり規定している。さらに第二章で平和主義を、第三章で人権保障を規定している。となれば、「ふむ。これで、三大原理と憲法の条文が結び付いた。めでたし、めでたし」となりそうなところであるが、そうでもない。

憲法は、第三章で終わりではなく、その後、第十一章まで続く。第九章以降は、憲法改正の手続や経過規定で実体的な内容でないからよいとして、第四章から第八章が問題なのである。三大原理に続いて、何が定められているのかをちょっと分析してみよう。

まず、憲法は第四章から第六章で、国会・内閣・司法についてそれぞれ規定する。これは、いわゆる立法・行政・司法の三権分立を定めたものである。それに続く、第七章・第八章は、行政権に関する特別なルールを定めた章である。具体的には、第七章は財政という特別な行政分野に関する規定、第八章は、内閣から独立した地方公共団体が行政の一部を担当するための規定である。したがって、憲法第四章から第八章を、権力分立とその特則に関する章としてまとめることができるだろう。

では、権力分立は、三大原理といかに関わっているのだろうか。さしあたり、平和主義・人権保障と権力分立は、対立する関係にはない。しかし、国民主権と権力分立の関係は、一筋縄ではいかない問題である。

主権とは、国内的には、全国民を従わせる最高権力のことであった。国民主権とは、そうした国家権力は全て「国民」により行使される、という原理だろう。そうなると、国会も内閣も裁判所も地方自治体も「国民」に従うべきだということになる。つまり、仮に、国会や裁判所に権限を与えるとしても、「国民」はそれを覆《くつがえ》す権限を持つことになるだろう。

しかし、これは権力分立の構想と真っ向から衝突する。立法も行政も司法も、全て同じ主体（「国民」）が行使するというのでは、権力は全く分立しないことになるではないか。現に、憲法第四章以下の内容を見ると、「国民」が立法や司法に介入することは禁じられている。国会は「唯一の立法機関」とされ（憲法41条）、裁判官は国民（や国会や内閣など）から「独立」していなければならない（憲法76条）。

この憲法原理相互の矛盾は、会社で言うなら、こういうことである。会社の規則1条に、「社長の言うことに絶対に従いなさい」と書いてある（社長主権原理）。しかし、2条には「開発については開発部長、営業については営業部長、経理については経理部長の言うことに従いなさい」と書いてある（権力分立原理）。社長と三部長、どちらに従えばよいのだろうか。これが、「国民主権と権力分立の対立」という伝統的な論点である。

この対立については、国民主権原理を優先させる考え方が、一見分かりやすく、とても魅力的である。それは、有能なワンマン社長の魅力に等しい。国民こそが国家の主なのであり、国会も内閣も裁判所もしょせんは雇われ人である。国民が権力分立に従う必要などない。気に入らなければ、解雇すればいい、というわけである。

実は、日本国憲法の内容を「三大原理」に整理する議論は、こうした考え方を前提としている。つまり、権力分立は、国民主権（＋残りの二原理）に比べて優先度の低い憲法原理だ、という発想に基づき整理しているのである。逆に言えば、権力分立の原理の重要性を隠ぺいしてしまうわけである。こうした議論は、国民が主役で、あなた方国民一人ひとりが輝きましょうと訴える。素朴《そぼく》ではあるが、説得力というか迫力がある。

しかし、と権力分立を重視する人々は言う。権力分立というのは、国家を適切に運営するための非常に優れた工夫である。「国民」に権力を集中せよというのは、あまりに乱暴な議論ではないか、と。

そんなことを言われても、ワンマン社長の魅力にはなかなか抗《あらが》い難い。そこで、ちょっと腰を据《す》えて、権力分立とはどんな思想なのか、を検討してみよう。

5 なぜ権力分立が必要なのか？

権力分立思想の背景には、「そもそも、どんな組織でも、権限が一人の人間に集まると、適切な運営はできなくなる」という思想がある。その理由は二つある。

第一に、評価される人と評価する人が同一だと、評価の意味がなくなってしまうからである。例えば、会計支出を行う人と、会計監査を行う人が同じだと、監査の意味はなくなってしまう。また、業務を執行する社長と、その業務が適切だったかを評価する外部取締役が同じ人だったら、外部取締役を置く意味はない。この「評価される——評価する」関係は、プレイヤーと審判、選手と監督、部下と管理職など、社会の至る所に見出される。

そして、この「評価される――評価する」関係を機能させることは、組織にとってとても重要である。それぞれの業務執行者が真面目で完璧な人であれば、監督者はいなくてもいいようにも思える。しかし、人は誰しも常に怠惰《たいだ》の誘惑《ゆうわく》に勝てるとは限らないし、どんなに有能な人でも失敗することはある。どんなに素晴らしい人であっても、その行動の適否を評価し、ルール違反や不適切な業務を是正《ぜせい》してくれる監督者は必要なのである。

このように、相互評価関係を機能させることが、権力分立の第一の理由である。

権力分立が組織に好ましい第二の理由は、人それぞれ得意なことと苦手なことがあるからである。

例えば、リーダーシップをとるのが上手な一方、細かい計算が苦手な人もいる。あるいは、論理的思考はすこぶる得意で文章も美しいのに、人前に出ると上手く話せない人もいる。したがって、一人の人に権力を集中してしまうと、その人は苦手なことまで引き受けなくてはならなくなる。場合によっては、悪意がなくても、不当に権力を行使してしまうかもしれない。

また、決定内容の性質によって、誰がどう決定すべきかも変わってくるだろう。国会議員の選抜のように国民全体で決定すべきこともあれば、法律や建築の専門家からなる官僚に判断を委ねたほうがよい場合もある。防衛や災害救助のようにスピードが重視されることもあれば、時間をかけて熟慮すべき事項もある。独裁制にすると、全てが独裁者の独断に委ねられることになり、決定内容の性質に応じた手続は取れなくなる。

このように、意思決定者の長所を生かして役割分担をし、適切な決定ができるようにすること、これが権力分立の第二の理由である。

こう考えてくると、実は、国民に全ての権限を委ねるのは、妥当《だとう》でないのではないか、という気もしてくる。とはいえ、国民主権は、極めて重要な原理だと考えられており、この程度の抽象的説明では納得できないという人も多いだろう。

そこで、日本国憲法は、どのような権力分立制度を採用しているのかを具体的に見ていこう。憲法が権力分立に施《ほどこ》した工夫は、非常に繊細で、それ自体、美しいものである。この美しさに触れれば、普段何気なく過ごしている会社や町内会や家族の意思決定、役割分担のあり方の良い所、悪い所も、きっと見えてくると思う。

6 なぜ三権に分立するのか？

日本国憲法は、人権保障に続き、国会（第四章）・内閣（第五章）・司法（第六章）の三権分立を定めている。

三権分立があまりにも有名なため、ついつい、権力分立＝三権分立だと思ってしまうところだろう。しかし、国家における権力分立の方法は、必ずしも三権分立とは限らない。例えば、第三者評価機関を設置する。全国的に一律に扱うべきことは中央政府が決定するが、地域の特性を生かすべきことは地方自治体に委ねる。各分野のエキスパートを集めて、省庁を編成する。このように、相互評価がうまく機能するように、あるいは、適切な役割分担を実現するために、権力分立は様々なところで実践されている。また、現在は採用されていないが、農業部門の立法・行政・司法権を持つ農業総督府、軍事部門の立法・行政・司法権を持つ軍事総督府、教育部門の……といった形で、担当する業務ごとに全ての権能を担う機関を設けるような権力分立も、理論的には可能である。

そうなると、そもそもなぜ「三権」に分立するのかといったことが気になってくる。そこで調べてみると、三権分立は、もともと一つだったものを三つに分けようという発想ではなく、「立法権」という権力を創設して、「法律」で権力を統制しようという発想の原理だということが分かる。私には、このことは結構意外な話だったのだが、読者の皆様はいかがだろうか。当たり前に受け入れている原理・原則の来歴を調べ、その意味の裏側まで理解できるのが、憲法を勉強する楽しさの一つである。

さて、三権分立の議論の出発点として、そもそも「立法」がなくても、国家は活動できることを理解する必要がある。例えば、国会や消防法がなくても、消防車と消防署員がいれば消防行政は可能である。警察・防衛・学校教育・道路建設と、あらゆる行政分野に同じことが言える。要するに、人と設備・備品があれば行政はできるのである。

では、司法はどうか。司法とは、人と人との間の紛争を裁《さば》くことである。そして、普通に考えると、法律がないと民事・刑事の紛争は解決できないように思われる。しかし、本当にそうだろうか。テレビドラマの大岡越前《えちぜん》を思い出してほしい。あのドラマで、越前守忠相《かみただすけ》が紛争当事者を前に、「借金？　ふむ、その場合はえーと」と言って、法令集をめくるシーンがあっただろうか。あったらあったで面白い気もするが、普通は描かれない。しかし、それでも紛争は裁断できているし、「大岡裁き」のシーンに違和感はない。テレビドラマが江戸時代の裁判を忠実に再現しているかどうかはともかくとして、このシーンに違和感がないことは、実は、法令がなくても、裁判官が自らの良識に基づいて裁定すれば、裁判ができることを示している。裁判官が「AはBに100万円払って、その紛争は終わりにしなさい」とか、「Yは悪いことをしたから、磔《はりつけ》にしなさい」と言えば、法律の根拠がなくても、裁判になるわけである。

このように、実は、「立法」は国家活動の必需品ではない。実際、近代以前の国家では、今日「立法」と呼ばれる作用はなかった、あるいは、非常に不完全だった。それでも、人々の生活に関わる治水や防衛、警察・消防といった行政サービス、そして、民事・刑事の裁判サービスは人々に提供されていたわけである。

というわけで、法はなくとも行政サービスや司法サービスは国民に届く。「三権の中で、一番いらない権力は何か？」とアンケートを取れば、立法権はダントツ1位だろう（本当か？）。

7 立法権と法の支配

しかし、歴史的には後発であっても、立法権は非常に重要な役割を果たしている。逆に言うと、「立法」のない国家には、大きな欠点がある。つまり、不公平になりやすいのである。

例えば、今、子育て支援用の予算が1億円あったとしよう。立法がない場合、厚生労働大臣のような行政機関が、統一的な基準なしに予算を配分することになる。そうなると、大臣の知り合いだとたくさんもらえるとか、同じ収入・子どもの数なのにもらえる額が違うとか、不公平な事態が生じてしまう。また、そういう事態になっても、それが「ルール違反（違法）」であるとの評価を受けないから、放置されてしまう。裁判についても同様で、裁判官が法律の根拠なしに判決を書くと、同じ窃盗犯なのに刑罰の内容が大きく異なったり、裁判官の好みで勝敗が決まったりしてしまう。

これに対し、「法律上の根拠なしに行政や裁判を行えない」というルールがあれば、立法で一般的・統一的な基準が作られて、行政は、それに沿って予算を配分する。大臣の知り合いにたくさん配ることはできないし、同じような状況にある人には同じ金額が配分される。裁判でも、裁判官の好みで原告を勝たせたり負けさせたりすることはできなくなる。

このように、「立法」とは、国家活動に不公平が生じないように、一般的・統一的な基準を打ち立てる権限である。そして、立法により作られた一般的・統一的な基準に、行政や司法を従わせて公平を実現しようという原理を「法の支配」という。三権分立は、法の支配の実現のために、立法機関を打ち立てようという権力分立論なのである。

では、三権分立を採用するとして、それぞれの権限をどのような機関に担当させるのがよいだろうか。憲法の第四章から第六章は、この点を具体的に定めている。

まず、立法権は、公平なルール作りのための権限なので、多様な意見や価値に配慮できる機関に担当させたほうがよい。そうなると、少数の専門家や、一人の人間の手に委ねるべきではなく、できるだけ多くの一般国民が立法に関与できるようにしておくべきである。もっとも、十分な議論をして、より良い案を創造するには、ある程度人数を限定する必要がある。そこで、できるだけ多くの国民によって選挙を行い、そこで選ばれた議員が国民の代表者として会議体を作るのがよい。こうした考慮から、憲法は、国会に立法権を委ねている。

他方、行政権は、法律の内容に従って事を進める権限であり、責任感のある真面目な人であれば、誰に委ねてもよい。そこで、行政権は、官僚機構に委ねられる。ただし、法律がきちんと執行されているか、国会が監視する必要があるだろう。そこで、憲法は、行政権の長《おさ》としての内閣を設置して官僚を指揮・監督させた上で、その内閣を国会が監視する議院内閣制を採用した。

最後の司法権は、法律の執行という点では行政と変わらないが、もう少し繊細な権限である。民事や刑事の裁判というのは、紛争当事者の事実認識（拳銃を撃ったのは俺じゃない、いやお前だ、など）や、法的認識（この土地は俺のだ、いや私のだ、など）が食い違っている場合に、第三者の立場から理論的に判断するものである。理論的な判断は、個人的なえこひいきや、多数決で決するものではないから、裁判は、紛争当事者や選挙の多数派から「独立」した主体がしなければいけない。憲法は、こうした考慮から、「独立性」を保障された裁判所に司法権を委ねている。

以上が、憲法第四章から第六章が定める三権分立であり、これにより法の支配が実現される。何かをする前に、冷静になって統一的なルール作りをしようという発想は、地味かもしれない。しかし、異なる個性や価値観を持つ人々が共存するためにはこの繊細な構想がとても有意義である。それゆえ、主権国家を適切に運営するために現代世界では三権分立を採用する国は多い。

8 「国民」とは何か?

さて、このような歴史的な議論を積み重ねてきた権力分立の工夫からすると、素朴に国民主権の原理を振りかざして、三権の判断を覆してしまうのは許されないことが分かる。例えば、そもそも国民全体で議論するのでは十分な議論を尽くせないから、国会を作り、理性による討論を委ねたのに、その国会の判断を十分な議論を経ていない国民投票で覆してしまってよいはずがない。また、国民投票によって、裁判所の判決を無効にしてしまえば、裁判官が持っている法律専門知識を無視することになってしまう。

そうなると、「国民主権なので、国会の立法や裁判所の判決を『国民』が覆せる」という、三権分立を破壊するような短絡《たんらく》的な解釈を採るべきではない。国民主権の原理が何を示しているのかを、もっと慎重に検討する必要がある。

この点、最近のメディアを見ていて、とても気になっていることがある。それは、国民主権の原理について、「国民」とは「有権者の多数決」なのだ、という誤解が広く共有されてしまっているように見えることである。この誤解が事態を複雑化している。

確かに、「国民」が単に「有権者の多数決」のことを意味するのであれば、立法や裁判を国民投票で覆せるようにしなければならない。しかし、「国民」＝「有権者の多数決」という理解は、あまりに素朴にすぎる。

そもそも、「多数決」を取る場合には、意見対立があるのが前提であり、たとえ多数決で決まった事柄であっても、半数近い反対者がいるわけである。また、国家というのは、できて数年経つと消えてしまう薄情な同窓会とは違って、数世代にわたり継続する団体である。そうなると、主権を担うべき「国民」には、現役世代の有権者だけでなく、未成年者やまだ生まれていない将来世代の国民までもが含まれていると理解すべきだろう。そうなると、「国民」＝「有権者の多数決」という理解は、少数派や将来世代の国民を無視するもので、全く魅力的な解釈ではない。

さて、このように「国民」を、現役世代の多数派に限定せず、広がりを持つものとして捉えると、「国民」の意思を表示するのは、必ずしも国民投票のような「有権者の多数決」だけではない、ということになる。主権を担うべき「国民」の意思とは、少数派や将来世代のことも考慮に入れた「国民全体の利益」を実現しようとする意思のことをいうと理解すべきである。

9 「国民」の意思の形はいろいろ

そう理解するなら、「国民」の意思の表明方法には、多様な形があってしかるべきだということになる。例えば、憲法改正のような国家の根幹に関わる決定については、国会内の広範な合意（3分の2の賛成）と国民投票の承認があった時、はじめて「国民」の意思表示があったと見なされるし、他方、日常の立法では、国会議員の多数決が「国民」を代表できる。また、細かく専門的な判断を要求される行政や司法の場面では、むしろ、専門の行政官僚や裁判官に判断を委ねるというのが、「国民」全体の意思だと理解できる。

このように、国民主権とは、全ての国家権力を「有権者の多数決」で行使すべきだという原理ではなく、それぞれの決定すべき事柄の性質に応じて、「国民全体の利益」を実現するために最も適切な意思決定方法を採るべきだ、という原理なのである。

このように理解すれば、国民主権原理が三権分立を破壊することにはならない。むしろ、三権分立は、それぞれの場面で「国民」の意思をより適切に実現するための制度だということになろう。

私は、最近、「有権者の多数決」を「国民」と同視し、多数決なのだからとにかく従え、それが国民主権だという素朴な議論が幅を利《き》かせていることに、少なからぬ危機感を持っている。国会の議論で決着がつかないのなら、ともかく国民投票にかければいいではないか、という議論も同様である。

「有権者の多数決」＝「国民」という議論は、少数派の排除をもたらす危険を孕《はら》んでいる。投票は、ある意見により多数の賛成が集まった、という事実は示している。しかしこれは、逆に言えば、かなりの数の反対者がいた、ということも示しているのである。多数決に何でもかんでも委ねるということは、数の暴力、少数派の排除に他ならない。

これに対し、議会というのは、相手の主張をよく聞いて、相互に尊重しながら、相互の歩み寄りの可能性、妥協点を模索する作業である。最後には、議会での多数決がなされるにしても、歩み寄りの努力が十分になされたかどうか、そのプロセスの重要性を忘れてはならない。そのプロセスこそが、数の暴力との違いを基礎付け、反対者までをも拘束することの正統性を担保するのである。

また、裁判所というのは、両当事者からは一歩引いた形で、双方の声に耳を傾《かたむ》けるのである。当事者の話を聞いていれば、いずれか一方に共感し、理屈はともかくそちらを助けねばならない、という素朴な良心が生まれることもあろう。しかし、その素朴な良心が、より広く長い視野で見た時に、常に「正」の側にあるとは限らない。生身の人間の声を聞きつつも、冷酷なまでに「法」による論理を貫徹することによってのみ、裁判は、正当性・正統性を維持するのである。「法」こそが「国民」であるという感覚も、決して忘れてはならない。

本章で議論したように、三権分立との緊張を意識して考えると、国民主権について、より深い理解に到達できるだろう。

また、逆に、国民主権と対置させることで、三権分立の意義をより深く知ることもできる。このような一見矛盾対立するような概念を突き合わせて考えることで、深い理解に到達できるのが憲法を学ぶ楽しみの一つである。

第2章まとめ

話が複雑になったので、もう一度まとめよう。

全十一章からなる日本国憲法は、第一章で①国民主権、第二章で②平和主義、第三章で③人権保障を規定して、いわゆる三大原理を提示している。

さらに、日本国憲法は、これに続く第四章から第八章で権力分立を採用している。権力分立とは、権力監視と、分業により、濫用を防ぎながら効率良く権力を行使できるようにする工夫である。権力分立のうち、三権分立は、あらゆる国家権力を、一般的・抽象的な法に従い行使させようという「法の支配」の構想を実現するための重要な原理である。

こうした権力分立は、「国民」に権力を集中させよという国民主権原理と対立するように見える。この点をどう理解すべきだろうか。

この問題は、国民主権原理を次のように理解すれば、解消する。すなわち、国民主権における「国民」とは、「有権者の多数決」のことではなく、少数派や将来世代の国民をも含んだ広がりのある概念である。国民主権とは、そうした「国民」全体の利益を実現しようとする意思によって国家権力を行使すべきだという原理であり、場面によっては、国会や裁判所に判断を委ねることが国民主権原理に適《かな》う。このように理解された国民主権原理は三権分立と対立しない。

序章に述べたように、日本国憲法を学ぶ上で中心となるのは、多様な個性を持つ国民が共存するための立憲主義の技術的文書、すなわち国内の最高法規としての側面である。この側面を理解するには、国民主権と権力分立の関係の整理のように、様々な解釈や整理が必要になる。そして、頭を使って、それを考え出すのが、憲法学の醍醐味である。

さて、ここで冒頭の話に戻ろう。人間は、あからさまに分かりやすいものを見せられた時、心に大きな隙ができる。日本国憲法は三大原理に基づいています、という説明は、とても分かりやすい。そして、そこで語られていないことからつい目がそれてしまう。三大原理という整理が見えにくくしているもの。それが、権力分立論の重要さである。カツラに気をとられ、床につくほど長いネクタイに気が付かないようではダメである。

そもそも、日本国憲法の三大原理という整理は、国民主権と三権分立の対立という難しい解釈問題を語り出すと面倒なので、まず、近似値的なところから入ろうという発想の整理である。これは、小学校で円周率を「3・14」と習うのと似ている。確かに、「3・14」で円周率のかなりのことが分かる。しかしこれは近似値にすぎない。中学に入り、「π」の概念を教わった時、より深く円周率というものを理解できる。

三大原理もそれと同じで、日本国憲法の内容についてとりあえず「3・14」(三大原理)と習う。これはこれで分かりやすいし、これで理解できることも多い。しかし、理解が深まってきたら、その先に進まなくてはならない。

憲法学を勉強していると、このようにあからさまに分かりやすい説明で、かえって見えにくくなっていることに目が向くようになる。普通にしていると気付かない意外な真相が分かった時、憲法を学ぶのは楽しいことだなあ、と実感する次第である。

補則 日本国憲法の議院内閣制

本章では、行政権は、真面目な人であれば誰に委ねてもよいような権限であり、内閣は、公務員が法律を忠実に執行するように指揮・監視するのが仕事だと説明した。そうなると、内閣の仕事は、堅実ではあるが、とても地味でつまらないものだということになる。こういうことを強調し、国会議員が閣僚（行政機関）になるのは、実は、「降格」なのではないか、と指摘する人もいる。

しかし、閣僚に選ばれるかどうかで一喜一憂している国会議員や、日ごろの政治ニュースを見ていると、内閣の仕事が地味だとは到底思われない。このように、三権分立における行政権の位置付けと、実際の内閣の仕事にはギャップがある。このことは、内閣が、「法律の執行」以上の仕事をしていることを意味している。では、それは、どのような仕事なのか。三権分立論の補則として、この点を検討しておこう。

ここを理解するには、少々ややこしい話になるのだが、「議題の作成」と「議決」は全く違う作業だという点を押さえる必要がある。

議題や法律案は、一つの思想や計画に基づく一貫性のあるものでなければならないから、それをまとめる作業は、一人でやるか、思想や計画を共有する少数のメンバーでやらざるを得ないだろう。他方、議決は全体として集計を取ればよいので、参加者が多数に上り、それぞれの思想や価値観が異なっていても、議決は可能である。こうした事情があり、たいていの団体は、思想や計画を共有する少数の人が、組織の「長」や「執行部」と称して、「議題を作成」し、会議のメンバーが議決する形で意思決定をしている。

このことは、国会にもあてはまる。主義主張の異なる数百人の国会議員が、全員で一つの法律案や議決案を練《ね》り上げるなどということをしていたら、いつまで経っても案がまとまらない。このため、「国会の議題の作成」権限は、「国会」とは違う機関に委ねざるを得ない。

そこで、内閣が登場する。憲法は、「国会の議題作成」権限の担い手として、内閣を想定し、議案は、首相が内閣を代表して国会に提出するものとしている（憲法72条）。内閣は、首相と首相により任免される閣僚からなるので、首相と思想や計画を共有したメンバーが集まり、一定の政策や計画に基づく一貫した議題をまとめることができる。

では、「議題作成」権限を内閣に委ねることは、三権分立の原理との関係で問題ないのだろうか。この点、三権分立論は、議案（法律案）が作られて以降のプロセスを対象とするもので、そもそも立法府の議案の作り方をどうデザインするかは、三権分立論の射程外の問題である。このため、今説明したことが、三権分立論と対立したり、矛盾したりするわけではない。

内閣が持つ「議題作成」の権限は、非常に強力な権限である。

そもそも、提案されない議題は、議論の対象にすらならない。「議題の作成」権限を担う者は、自分の望む政策を議案として提出し、少なくとも国会で真剣に検討してもらうことができる。他方、自ら望まない政策は、「提案しない」という形で阻止できる。

議論すべき対象の選択権というのは、採点競技の採点基準を自ら設定できるようなものである。自分の不得意な要素を低得点にすれば、もはやその要素は競技に現れず、存在そのものが忘れられる。他方、自分の得意な要素を高得点にすれば、自分の優位を安定させられるのである。

こうした権限があるからこそ、内閣のメンバーは、国家の議論をリードできるのであり、内閣総理大臣は、しばしば「日本のリーダー」と呼ばれる。やりたい政策があれば、内閣に議題としてまとめてもらう必要があり、政治家が大臣になることを目標にするのも当然だろう。

さて、単なる法律の執行のみならず、議題作成という重大な権限を内閣に委ねるということになると、それを野放しにしておくわけにはいかない。フィギュアスケートで、トリプルアクセルの点数がダブルアクセルと一緒だったなら、トリプルアクセルにチャレンジする選手はいなくなってしまう。採点基準が公平でなければ、フィギュアスケートそのものが、健全に発展できなくなってしまうだろう。

これと同様に、議案提出権は、適正に行使されなければならない。多くの国民が望む政策を提案しない内閣や、誰も望まない政策を個人的に推し進めようとする内閣であれば、取り換えられるようにしておく必要があるだろう。

そこで、憲法は、内閣が国会に連帯して責任を負うことを定めている（憲法66条3項）。責任を負うとは、国会が失敗と見なしたら辞めさせる、ということであり、衆議院の不信任決議があれば内閣は総辞職しなければならない（憲法69条）。とはいえ、内閣には内閣の考え方があるわけで、内閣と国会どちらの考え方が良いのか、有権者に裁定してほしいと思うこともあるだろう。そこで、内閣には、衆議院の解散権があると解釈されており、不信任決議に対抗することができるようになっている。

このような内閣が国会に対し連帯責任を負う制度を、議院内閣制と呼ぶ。この制度は、イギリスで長い歴史をかけて形成され発展してきた制度であり、今日では、ドイツやイタリアなどでも採用されている。議題作成権限の統制という観点から、かなり洗練された優れた制度と評価できるだろう。

このように、日本国憲法は、三権分立の前段階である議案作成段階にも工夫を施し、三権分立がうまく機能するようにしている。

3.

理屈で戦う人権訴訟

——憲法上の権利はどうやって使うのか？

いきなりわき道にそれて恐縮だが、原宿の竹下通りでわき道にそれるのが、学生時代の楽しみだった。わき道をたどってゆくと見つかる、あの和菓子屋さんは今もやっているのだろうか。小さいながらも都心の喧騒《けんそう》が嘘のように静まり返った庭には、長椅子が置かれている。そこで生菓子とともに抹茶を飲むと、背筋が伸び、厳《おごそ》かな気持ちになったものだった。

その和菓子屋には、時々、数学科の大学院生のお兄さんが来た。彼は長身・細身のイケメンで、長い指を操り、大学ノートを数式でいっぱいにしていた。時に苦しそうに、時に目を細め、数式と向かい合っていた。彼の周りからは日常生活の煩《わずら》わしさが消え、理論だけが残った。静かな湖畔《こはん》のようだったあのお店は、彼がいると、より一層、静かになった。彼は数学に集中していた。いや、集中していたというより、彼は数学そのものだった。そんな彼の姿を見ると、数学が苦手な自分がみじめに思えた。数学が分からない私は、みじめである。みじめなのだ。みじめである（このお兄さんの存在はフィクションである）。

まあ、みじめな話はともかくとして、本論に入ろう。数学に限らず、理論だけが支配する世界は、純粋で、あまりにも楽しい。特に楽しいのは、「新しい発見」がもたらされた時である。その「新しい発見」は、発見されてしまえば当たり前に思える内容かもしれない。ただ、発見のすごさはそこにはない。そのプロセスにある。たいてい、その「新しい発見」は、みんなが考えそうなことを地道に積み重ねていったことの延長にはなく、凡人がどんなに地道に努力を重ねてもたどり着けないような、思いもよらない形で発見されるのだ。

しかし、その「新しい発見」のすごさは、ある程度の専門知識がないと分からない。数学の得意な人は、エレガントな解法を見せられると「おお！」と感嘆の声を上げる。ところが数学の知識がないと、その解法の何がすごいのかサッパリ分からないのである。憲法解釈学の世界にも、そういうところがある。憲法解釈は、厳密には数学ほど純粋な世界ではないのだが、基本的に理論がものを言う世界である。というより、理論以外にはものが言えない世界である。

この世界は、一面では楽である。「失礼」ということがあり得ないのだ。例えば、論理の通っていない学説や判決を、「このような議論をする者の知的水準は、タコやイカと比較すれば、タコやイカに失礼になるレベルである」と罵倒《ばとう》したとする（自分で書いていても、ずいぶんヘンテコな罵倒表現だが）。日常生活では当然非難される態度だが、相手は、理論を追究しているわけであり、理論以外の内容が書かれたこの記述は、無意味な落書きにすぎない。なので、読まれない。読まれないので、怒られもしない。

他方で、理論の世界は、厳しい世界でもある。どんなに綺麗に罵倒が決まろうと、どんなに自分に迫力や圧力があろうと、論理が通っていなければ相手を屈服させることはできない。論理だけが、攻撃の手段である。過去の実績も、現在の社会的地位も関係ない。だからこそ、そこでの「新しい発見」は、純粋で、他の世界にはない喜びを我々にもたらしてくれる。

この「新しい発見」の魅力を憲法学で最大限に味わいたいなら、憲法上の権利に関する憲法訴訟論を学ぶべきだと思う。憲法学には国家論や統治機構論など様々な領域があるが、多くの場合、理論的にどちらが正しいと結論が出るようなものではない。しかし、訴訟には、お互いに譲ることのできない当事者がいる。憲法訴訟の場合、国家と個人とが、それぞれに公共の利益と個人の人権を掲げ、全力で戦う。理論をぶつけ合い、どちらかの主張が通って勝敗がつくのである。本章では、そんな純粋な世界の楽しさを、できる限り忠実に記述したい。

1 憲法上の権利の類型

現在の世界では、フランス人権宣言などにならって、たいていの国の憲法に、国家が保障すべき人権のリストを掲げる「人権宣言」とか「権利章典」と呼ばれる部分がある。日本国憲法も、憲法の国際標準に沿って、第三章で「国民の権利及び義務」を定めている。ここでは、様々な権利が保障されているが、権利の性質に応じて大きく分けると、自由権・請求権・平等権の三つに分けられる。

自由権は、国家に対し国民の自由を制約することを禁止する権利である。自由権はさらにその保護対象（専門用語では「保護範囲」）に応じて、表現の自由（憲法21条1項）、思想・良心の自由（憲法19条）、信教の自由（憲法20条1項前段）などの「精神的自由」と、職業選択の自由（憲法22条1項）や現に有する財産を保持する権利（憲法29条1項）などの「経済的自由」、令状なしに逮捕されない権利（憲法33条）などの「人身の自由」の三つに分類される。

これに対し、請求権は、国家に対しサービスや金銭給付を請求できる権利である。「健康で文化的な最低限度の生活」のための援助を求める権利（憲法25条1項）、裁判をしてもらう権利（憲法32条）、無償で義務教育を受ける権利（憲法26条2項）などが、その例である。

最後の平等権（憲法14条1項）は、個人と個人を平等に取り扱わなければならないとする権利である（詳細は後述）。

2 憲法上の権利の保障根拠

では、なぜこれらの権利が保障されるのだろうか。まず、次の条文を見てほしい。

【日本国憲法13条】

すべて国民は、個人として尊重される。生命、自由及び幸福追求に対する国民の権利については、公共の福祉に反しない限り、立法その他の国政の上で、最大の尊重を必要とする。

この条文は、国家は個人を最大限に尊重して運営されねばならないと宣言する。憲法が人権を保障するのは、「個人の尊重」という価値を実現するためだということを示しているわけで、憲法上の権利保障の中核的条文である。では、「個人の尊重」とは、どういうことを言うのだろうか。

留意すべきは、次の点だろう。つまり、国家は、国民全体の利益を実現する組織であるから、国民の集合的な利益には強い関心を寄せる一方、個々人の負担や不利益への配慮を軽視しがちなのである。

例えば、国家が高速道路を整備する時、それで何万人もの生活が便利になるという点には敏感だが、他方で、そのために所有地を収用されたり、騒音被害を受けたりする少数の個人のことは忘れがちになる。

こうした少数者への不利益を無視することは、短期的には国家の利益になる。例えば、補償なしに土地を収用し、騒音対策なしに道路を造れば、建設費用は安く済む。こういう政策は大衆の支持を得られる一方、不利益を被《こうむ》るのはごく一部の人に限られるので、反対運動も盛り上がりにくい。なので、国家は、放っておくと個人を尊重しようとはしない。

このことは、経済的な領域に限られた問題ではない。政府批判言論や特定の宗教を弾圧することも、短期的には国家の利益になる。政府批判は政治を不安定にするから、それを封殺しておいたほうが国家運営はスムーズになる。また、多くの人が「気持ち悪い」と思う宗教団体を弾圧することは、差別的な気持ちを持つ人の感情を満足させ、多くの人に快楽をもたらす。その一方で、弾圧を受ける人はごくわずかなので、多くの国民は関心を持たないだろう。

とはいえ、個人を尊重しないことで得られる利益は、非常に素朴で短期的なものにすぎない。無補償で土地が収用される危険があるのでは、誰も怖くて土地を買えない。合理的な土地取引ができなければ、経済全体が回らなくなってしまう。また、政府批判言論を弾圧すれば、政権は腐敗《ふはい》しやすくなり、実際に腐敗した政権を是正することもできない。さらに、誰だって、多くの人から見て違和感のある趣味や個性の一つや二つは持ち合わせているから、「気持ち悪い」と思われただけで、宗教や思想を弾圧していれば、全ての人が窮屈な思いをすることになる。

このように長期的な視野に立つと、国家権力が個人の権利に全く無頓着な態度を取れば、国家権力が正当なものだという国民の納得（正統性）を得られなくなる。国家権力は、国民の自発的な遵法努力や、納税その他国民の負担の下に成り立つのであり、国家権力への納得の喪失は、冗談ではなく国家崩壊の危機である。全ての人は異なる個性を持つ以上、何らかの点で少数派であり、少数派の個性を尊重しない国家は、誰にも信用されないのである。

ということで、憲法は、個人を最大限に尊重すべきことを宣言し、「特にこの権利が弾圧されやすい」という歴史的経験を踏まえて、具体的な権利保障を規定している。

さらに、個人を尊重するために保障しなければならない権利は、憲法に明文化されたものに限らない。社会の変化や新技術の登場で、新たに個人の尊重にとって不可欠だと理解されるようになった場合には、憲法13条の個人の尊重条項から、新しい権利を導くことができると解釈されている。例えば、日本国憲法には、政府が持つ個人情報の開示を請求したり、その適切な扱いを要求したりする権利（プライバシー権と呼ばれる権利である）が書かれていない。しかし、情報技術の発展に伴い、これらの権利は非常に重要な権利として認識されるようになり、憲法13条により保障されると理解されている。

3　憲法上の義務とは何か

さて、憲法第三章の表題は、「国民の権利及び義務」であり、義務として、①教育を受けさせる義務（憲法26条2項）、②勤労の義務（憲法27条）、③納税の義務（憲法30条）が規定されている。第三章のタイトルからすると、「義務」は「権利」と並ぶ一大要素、囲碁将棋における囲碁と将棋の関係のようにも見える。しかし、実はそうではない。憲法上の義務規定は、どうしても権利を制限しなければならない場面で、権利保障解除をごく例外的に許容するために設けられたものである。

例えば、ある子どもの親が宗教あるいは思想上の理由で、子どもに学校教育を受けさせたくないと考えていたとしよう。この場合、親の信仰や思想の自由を保障することは、子どもの利益を大きく損《そこ》ねる結果になる。そこで、憲法は、保護する子女に教育を受けさせる義務（憲法26条2項）を規定し、子どもの教育に必要な限りで、親の宗教や思想の自由を例外的に制限することを認めている。

また、勤労の義務は、生存権保障（憲法25条1項）との関係で、全ての人に「健康で文化的な最低限度の生活」ができるように、国家が責任を負わなければならないことを前提に、例外的に、労働の機会と能力が十分にあるのに、ただ怠《なま》けている人には生存権保障を解除してもよいという趣旨の規定である。さらに、納税の義務は、個人の財産権（憲法29条）侵害は許されないが、租税という厳格な形式の下でのみ例外的に財産権制約ができることを示した規定である。

このように、憲法上の義務規定は、どうしても権利を制限しなければならない場面で、その場面を厳密に限定して、絶対にこの範囲でしか義務付けないので、と大きく断りを入れて、細心の注意の上に、権利制限を受ける範囲を具体的に限定して、権利保障に例外を設ける、そういう規定である。

要するに、義務規定は、権利保障の例外を厳密に定義するために置かれるものであって、権利と義務というものが対等に並ぶわけではない。

しばしば、「権利ばかりで、義務がないのはおかしい」という素朴な感情から、「公益を尊重する義務」を導入する改憲案が提案されたりする。しかし、そんな無限定で抽象的な義務を規定すれば、「コレガ公益デス！」という理由で、時の権力者が自由にあらゆる権利を制限できてしまうことになり、個人の尊重は雲散霧消《うんさんむしょう》してしまうだろう。法律文書を読む時、作る時は、法律文書の性質をよく考えて言葉を慎重に選ばなければならない。

4 権利保障の実現

さて、このように日本国憲法には、個人の尊重を実現するため憲法上の権利を保障せよと書いてある。憲法にきちんと個人の権利が書き込まれた意義は大きい。これがあってようやく、フランス人権宣言が定義したような意味での「憲法」だと言えるのである。とはいえ、権利は紙に書いてあるだけでは実現できない。

そこで、まず、憲法98条1項は、「この憲法は、国の最高法規であつて、その条規に反する法律、命令、詔勅及び国務に関するその他の行為の全部又は一部は、その効力を有しない」として、憲法に違反する法律や命令は無効だと定める。

さらに、憲法99条は、「天皇又は摂政及び国務大臣、国会議員、裁判官その他の公務員は、この憲法を尊重し擁護する義務を負ふ」とし、諸々の国家機関が、憲法を遵守するよう義務付けている。

この帰結として、権力者は、憲法上の権利を実現し、侵害しないよう義務付けられるわけである。

しかし、憲法尊重擁護義務だけで、権利が実現されるかというとそうでもない。国会や行政機関は、立法作用や行政作用を進める上で、それぞれに憲法を解釈する。それが真《ま》っ当《とう》な解釈ならよいが、権力者はしばしば自分に都合良く内容を曲げて「解釈」だと言い張るものである。

例えば、友人のキクチ（当時、高校生）は、「授業中ノ飲食ヲ禁ズ」という規範があるにもかかわらず、授業中に、近所のラーメン屋から出前を取った。そのキクチの言い分は、「『飲食ヲ禁ズ』というのは、俺以外の人は、食べたり飲んだりしちゃいけないって意味のはずだ」というものだった。どこをどう読めば、そうなるのか分からないが、当時、キクチに意見できる友人はいなかったのである。しっかりした先生がもっと早く注意していれば、キクチもそんな横暴をすることはなかっただろうに、とても残念である。

とまあ、架空の人物の話はこの辺にしておくとして、とにかく、憲法尊重擁護義務だけでなく、誤った憲法解釈を正すための制度が必要である。そこで、憲法は、次のような制度を用意している。

【日本国憲法81条】

最高裁判所は、一切の法律、命令、規則又は処分が憲法に適合するかしないかを決定する権限を有する終審裁判所である。

これは、憲法上の権利を侵害する国家の法律や命令は、裁判所が無効だと宣言できると定めるものである。司法府が、法律などの憲法適合性を審査する制度を、「司法審査制」あるいは「違憲立法審査制」などと呼ぶ。このため、法律や命令により権利を侵害された個人は、裁判所に訴え出て、その不当を主張できるわけである。

裁判所に訴え出ることができることの効果は、とても大きい。国家を相手に個人が戦うのは、なかなか大変である。海千山千の国会議員に面と向かって、この憲法解釈はおかしいですと主張し、説得するのはとても難しい。相手は選挙で何十万票も獲得した人で、歳もとっていて、話も上手い。何らかの意味で人を惹《ひ》き付ける魅力も持っている（この一文は「魅力も持っている」の箇所ではなく、どちらかと言うと「何らかの意味で」のほうに力点がある）。

それが政治家というものだ。しかし、訴訟では、中立の第三者である裁判官に、理屈を説《と》けばよい。選挙で何十万票獲得していようが、どんなに歳をとっていようが、訴訟での説得力には何の関係もない。理屈が通っているか否か、だけが勝負である。公平だと信頼できる先生の判断により負けたのであれば、どんなガキ大将も引き下がらざるを得ないのである。

5 非嫡出子の法定相続分問題

理論勝負の憲法訴訟論の魅力を知ってもらうには、実際の事案を見ていただくのが一番である。最近出た最高裁判例を素材に、この点を具体的に見ていこう。

２０１３年9月4日、最高裁判所は、長年合憲性が争われてきた民法の条文を違憲と断じた。それは次のような条文である。

【旧民法９００条】
同順位の相続人が数人あるときは、その相続分は、次の各号の定めるところによる。

一号　子及び配偶者が相続人であるときは、子の相続分及び配偶者の相続分は、各二分の一とする。

四号　子、直系尊属又は兄弟姉妹が数人あるときは、各自の相続分は、相等しいものとする。ただし、嫡出でない子の相続分は、嫡出である子の相続分の二分の一と……する。

この条文は、被相続人（相続される人）の遺言がない場合に、どうやって財産を相続させるかを定めた条文である。後で問題になるので、もう一度強調しておくと、この条文は「遺言がない場合」の相続を定めた規定である。ここをしっかり押さえておいてほしい。

さて、遺言がない場合、配偶者と子どもがいれば、それらの人が財産を相続する。その割合は、子と配偶者で半分ずつとされ（1号）、子どもが複数いる場合には、その半分をさらに均分する（4号本文）。例えば、妻と2人の子のいるA氏が、3000万円の財産を残して死亡したとする。この場合、妻と子が相続人となり、まず、妻が半分の1500万円、子は二人合わせて残り半分の1500万円を相続する（1号）。子の相続分は2人で均等割りなので、一人750万円ということになる（4号本文）。

ここまではいいのだが、先がある。900条4号但書は、「嫡出でない子」の相続分は、嫡出子《ちゃくしゅつし》の半分としている、嫡出子とは、法律婚をしている両親の子であることを意味する。この規定は、具体的には次のように適用される。

東京太郎さんは、東京花子さんと法律婚をしており、花子さんとの間に一郎さんという子がいたとする。また、太郎さんには、法律婚をしていない相手、大阪桃子さんとの間にも半兵衛さんという子がいたとする。この時、太郎さんが3000万円の財産を残して死亡すると、配偶者花子さんが1500万円、残りの1500万円のうち、嫡出子一郎さんが1000万円、非嫡出子半兵衛さんがその半分の500万円という形で相続する。

6 憲法14条1項の内容

さて、問題は、なぜ非嫡出子は半分なのか、である。自分が非嫡出子の立場であれば、同じ太郎さんの子どもなのに、なぜこんなことになるのか、という疑問を持つだろう。そんな時、頼りになるのが、平等権である。

平等権を定める憲法14条1項は次のような条文である。

【日本国憲法14条1項】

すべて国民は、法の下に平等であつて、人種、信条、性別、社会的身分又は門地により、政治的、経済的又は社会的関係において、差別されない。

この条文は「〇×の権利を保障する」という形にはなっていないが、国民に対し平等権という権利を保障する条項だと理解されている。では、平等権とは、どんな権利かと言えば、「不合理な区別をされない権利」だと定義される。こう定義すると、今度は「不合理な区別」とは何か、が問題になる。この条文ができてから20年くらいの間、「不合理な区別」の定義を巡って、専門的な議論がいろいろ交わされたが、現在では、定義は固まっている。つまり、「正当な目的の達成に役立たない区別」という定義である。この定義に基づき、①目的が正当で、かつ②その目的達成に役立つ区別は、憲法14条1項違反にならないという法命題が導かれ、①②の要件を充たしているか否かが訴訟で争われるわけである。具体例を挙げて考えてみよう。

例えば、私が、厚生労働大臣だったとする。そんな私は、隣の家に住む田中さんと喧嘩をしたとする。そして、田中という苗字の人間は邪悪だから、今後、一切、田中姓の人には年金を支給しない、と決定したとしよう。ここで、田中姓の人とそれ以外の人の区別が生じる。この区別の目的は、「私の個人的な反感を満足させること」である。これはそもそも正当な目的ではない。なので、①の要件に欠け、この区別は憲法14条1項違反である。平等権は、こんな感じで使われる。

さて、今のは、目的自体が不当な区別だったが、目的自体が正当でも、②目的の達成に役立たないなら、その区別はやはり不合理である。例えば、「生活保護は経済状況に応じてなされるべきで、高齢者は全員お金持ちだから、65歳以上の人には生活保護を支給しない」という法律があったとする。この場合、65歳以上の人とそれ以外の人の区別には、「経済状況に応じた生活援助」という正当な目的がある。しかし、「高齢者の全員がお金持ちだ」という事実認識は明らかに不適切であり、65歳以上か否かで生活保護支給を決めたのでは「経済状況に応じた生活援助」という目的は達成できないだろう。というわけで、このような目的は正しくても、その区別が目的達成に役立っていない区別も、憲法14条1項に違反する不合理な区別だと評価される。

7　平成7年決定の論理

では、果たして、旧民法900条4号但書が設ける区別は①②の要件を充たすだろうか。

この問題について、最高裁は、平成7年に合憲の結論を出していた。ここでは、次のような論証がなされている。

【最大決平成7年7月5日民集49巻7号1789頁】

本件規定の立法理由は、法律上の配偶者との間に出生した嫡出子の立場を尊重するとともに、他方、被相続人の子である非嫡出子の立場にも配慮して、非嫡出子に嫡出子の二分の一の法定相続分を認めることにより、非嫡出子を保護しようとしたものであり、法律婚の尊重と非嫡出子の保護の調整を図ったものと解される。これを言い換えれば、民法が法律婚主義を採用している以上、法定相続分は婚姻関係にある配偶者とその子を優遇してこれを定めるが、他方、非嫡出子にも一定の法定相続分を認めてその保護を図ったものであると解される。

現行民法は法律婚主義を採用しているのであるから、右のような本件規定の立法理由にも合理的な根拠があるというべきであり、本件規定が非嫡出子の法定相続分を嫡出子の二分の一としたことが、右立法理由との関連において著しく不合理であり、立法府に与えられた合理的な裁量判断の限界を超えたものということはできないのであって、本件規定は、合理的理由のない差別とはいえず、憲法一四条一項に反するものとはいえない。

以下、この決定を「平成7年決定」と呼ぶことにしよう。平成7年決定によれば、嫡出子と非嫡出子との区別をする目的は「法律上の配偶者との間に出生した嫡出子の立場を尊重する」ことである。さらに、この目的自体は正当で、また、相続分を変えることは、その目的達成に役立つので、①②の要件を充たし、この区別は合憲だとした。

違憲説に立つ法律家は、この論証を強く批判した。

主な違憲説は、①目的は正当だが、②相続分の区別はその目的達成に役立たないから、憲法14条1項違反だと主張した。彼らは、どのように違憲の結論を演繹《えんえき》したのだろうか。

彼らは、平成7年決定の言う「嫡出子の立場の尊重」とは、不倫の防止という意味だと理解した。どういうことかというと、法律婚には、お互いに他の相手と性関係を取り結ばない義務（貞操義務）の設定が含まれている。不倫つまり婚外性関係は、婚姻契約違反と評価されるわけである。契約違反の防止という目的が正当だということは、違憲説も認める。

しかし、問題はその先である。不倫をするかどうかを判断する時に、生まれてくる子どもの相続分のことまで考えるだろうか。不倫防止に旧民法900条4号但書が役立っているというのは、あまり説得力がない。その上、そもそも、この規定は、遺言がない場合の規定にすぎないので、不倫相手との子に多く相続させたいなら、そういう遺言を書けばこと足りる。遺言は、一人で書くもので、その成立に配偶者の同意は必要ない。

とすれば、この区別は、不倫の防止という目的には役立たない。だから不合理な区別だ。違憲説は、平成7年の最高裁決定をかように批判した。

しかしこれに対しては、合憲説の側から、そもそも、「嫡出子の立場の尊重」とは、不倫の防止という意味ではない、という判例理解が提出される。それはどのような意味だったのか。

合憲説の法律家は、平成7年決定の言う「嫡出子の立場」について、次のような理解を示した。まず、法律婚という契約は、民法に決められた諸々の義務をお互いに負いましょうという契約である。そうなると、旧民法900条も、実は、婚姻契約の一条項ということになる。つまり、法律婚契約には、「(それぞれの遺言がない限り)婚姻契約をした我々の子どもの相続分を多くしましょう」という内容が含まれている。平成7年決定の言う「嫡出子の立場」とは、「法律婚で多めの相続分を認められた立場」を意味しており、相続の場面で生じる区別は、法律婚契約を忠実に執行するという目的達成のために有意義である。よって、不合理な区別ではない。

これは、かなり強力な議論であった。「契約を忠実に執行すること」という目的が不当だ、という議論を展開するのは、かなり難しい。また、嫡出子に多く相続させる区別が、嫡出子に多く相続させる契約を忠実に執行する目的の達成に役立たないというのはもっと難しい。こうした平成7年決定の理解が登場して以来、違憲説は、根本的な立て直しを余儀なくされた。

8 非嫡出子への差別助長という視点

違憲説の立て直しは、合憲説の主張を徹底することで、その問題点を炙《あぶ》り出すことから始まる。これは、一種の背理《はいり》法と言えよう。

平成7年決定は、婚姻契約は「嫡出子に多く相続させる」という契約だと理解している。そして、それを忠実に履行《りこう》させるから、非嫡出子との区別は合憲だとする。しかし、もしこのような論理によるなら、例えば、「男子の相続分は女子の倍とする」とか、「障がいを持つ子には相続分を与えない」といった規定でも、当事者の合意の尊重という正当な目的の達成に役立つので、合憲になる。しかし、これは、いくら何でも、おかしいだろう。男子を倍にしたり、障がいを持つ子の相続分を否定するような制度を合憲だというわけにはいかない。

では、なぜ、男子優先相続や障がい者相続分の否定は違憲なのだろうか。

そもそも、「不平等」と「差別」とは、異なるニュアンスを持った言葉である。例えば、私の友人には、立った状態では私より頭一つ背が高く、座ると私と目線が同じになる人物がいるが、この友人を見ると、いつも私は「不平等」だと思う。しかし、このようなみじめな事態を「差別」とは言わない。また、「差別的表現」という言葉はあるが、「不平等な表現」という言葉はほとんど使われない。差別というのは、人種や性別といった人間の類型に向けられた蔑視《べっし》感情、あるいはそれに基づくけしからん行為をいうのであって、不合理な区別とは別問題なのである。

そう思って、憲法の条文を見直してみると、「法の下に平等」であるとの宣言の他に、「差別されない」という明言があることに気付く。

とすれば、この問題は、平等権の観点だけでなく、「差別されない権利」の観点からも検討されねばならない。そして、男子優先や障がい者排除などの思想を法律婚に盛り込めば、国民は、国家がそれを推奨していると受け止めるだろう。それは、女性や障がい者に対する差別意識を醸成《じょうせい》することにつながる。差別の助長は、典型的な差別されない権利の侵害である。

これと同様に、旧民法900条4号但書は、「非嫡出子の保護は嫡出子の保護に劣位してよいという思想を表明したものだ」と受け止められてしまう。このようなメッセージを発信すれば、非嫡出子に対する社会的差別が助長されてしまう。これは、非嫡出子の「差別されない権利」の侵害として違憲無効なのだ。

このように理解すると、旧民法900条4号但書は、非嫡出子の「差別されない権利」の侵害となる。また、もし、非嫡出子の保護は劣位してよいという思想を表明することが、この規定の目的なら、そもそも目的が不当であり、この区別は平等権侵害にもなる。

こうして、合憲説は崩壊した。

このような議論を経て、平成25年9月に、ついに旧民法900条4号但書を違憲無効と断じる決定（以下、平成25年決定）が出る。この決定でも、次のようなことが強調されていた。

【最大決平成25年9月4日の論証】

平成7年大法廷決定においては、本件規定を含む法定相続分の定めが遺言による相続分の指定等がない場合などにおいて補充的に機能する規定であることをも考慮事情としている。しかし、本件規定の補充性からすれば、嫡出子と嫡出でない子の法定相続分を平等とすることも何ら不合理ではないといえる上、遺言によっても侵害し得ない遺留分については本件規定は明確な法律上の差別というべきであるとともに、本件規定の存在自体がその出生時から嫡出でない子に対する差別意識を生じさせかねないことをも考慮すれば、本件規定が上記のように補充的に機能する規定であることは、その合理性判断において重要性を有しないというべきである。

これは、合憲派と違憲派の議論の応酬《おうしゅう》で発見された「差別されない権利」を重視する論証と評価できよう。

第3章まとめ

日本では、欧米先進国に比べ非嫡出子の出生割合が少ない。最近では少し増えてきているそうだが、その割合は数パーセントといったところで、圧倒的な少数派である。そういう人の不利益は、国家全体という観点から見落とされてしまうことも多いだろう。旧民法900条4号但書から生じる不利益は、まさにそういう問題だったと思う。

これは、単に、相続の時にもらえるお金が少ないというだけではない。国家が、非嫡出子に対する差別を推奨するものと受け止められてしまうことが問題なのである。

このように整理されれば、多くの人がこの規定の違憲性を理解できるだろう。しかし、こうした整理ができるまでには、法律専門家がかなり時間をかけて細かく議論をしなければならなかった。憲法訴訟は、そうした法律専門家が時間をかけて問題を発見し、整理する場を提供している。

法律家の議論は、まどろっこしく思えるかもしれない。たいていの国民は、この規定を見て非嫡出子が迫害されていると思ったはずである。それを当然と思うか、気の毒だと思うかは人それぞれだろうが、差別的であることを否定する人はいなかったであろう。そういう現実からすると、法律家のやってきたことは愚《おろ》かな詭弁《きべん》に聞こえるかもしれない。

しかし、当たり前に見えることをきちんと言語化すること、法的理論として表現することとは、とても大事である。なぜなら、常識が誤っていることは、少なからずあり、あくまで法的理論により一般化可能な説明を追究することで、「法の支配」が実現するからである。

憲法学の中にも、いろいろな専門分野がある。アメリカ憲法研究、ドイツ国法学研究、フランス憲政史研究、比較憲法、統治機構論、人権原理論、憲法訴訟論などなど。もちろん、憲法学者であれば、いずれの分野も一通り勉強することになるが、それぞれ、特に興味があって、狭い意味での専門にしていることがある。私の場合は、いわゆる憲法訴訟論が専門である。この分野は、囲碁や将棋のように、異なる立場の人が一つの争点を巡り激しく対立するところに面白さがある。旧民法900条の問題でも、合憲派と違憲派が、それぞれ知恵を絞って、自説を補強し、相手を批判する。その応酬から、これまで見つからなかったような新しい権利保障（差別されない権利）の必要が発見されたり、憲法14条1項の構造の新解釈が提唱されたりする。

こうした作業は、理屈ばかりで難しそうと思われてしまうことも多い。しかし、憲法の内容を理論的に、精密に検証していく作業に慣れてくると、憲法上の権利の解釈はとても面白いものになってくる。それは、最初は1手詰でも、難しいと思っていた詰将棋が、慣れてくると7手でも11手でも解けて楽しくなるのとよく似ている。日本国憲法の第一の顔、法技術文書としての日本国憲法の内容の分析は、そのような意味でとても楽しい作業である。

さて、そういうわけで、憲法訴訟はとても重要な制度であることを強調し議論を閉じたいわけだが、私には、最近の最高裁にどうしても言っておきたいことがある。先ほど紹介した平成25年決定は、①日本の家族に関する意識の変化、②外国の法制度との比較、③国連自由権規約委員会からの是正勧告、④住民票記載や国籍法の変化、⑤数度にわたる法改正の提案、⑥個人の尊厳の理念、⑦違憲説に立つ最高裁判事も多かったこと、⑧旧民法900条4号が差別を助長している、という八つの理由を提示する。ここまではよい。

しかし、最高裁は次のように言うのである。

【最大決平成25年9月4日の論証】

本件規定の合理性に関連する以上のような種々の事柄の変遷等は、その中のいずれか一つを捉えて、本件規定による法定相続分の区別を不合理とすべき決定的な理由とし得るものではない。

こう言って、決定的理由はないのだが、国民意識が変化したので、この条項は違憲にします、と論証するわけである。この論証は、非嫡出子の不利益に対する国民の理解が広まってきたことを指摘するもので、良心に基づくものだと言える。しかし、あまりにも素朴な良心だけで判決が書かれてしまったのではないか、という危惧《きぐ》が残る。

国会での政治決定と同様、裁判所の判決にも反対の意見を持つ人がいる。反対意見の人も含めて、その判断に従わせようというのだから、裁判所は、理論の府として、反対の立場の人に、ぐうの音《ね》も出ない理論を提示して自らを正当化する義務を負っている。とすれば、素朴な良心だけで、「なんとなく最近の空気なので」と判決を書くことは問題である。自ら挙げた理由を「決定的な理由とし得るものではない」と断言してしまうセンスには、理論の府としての自覚を持っているのだろうか、と首をかしげざるを得ないだろう。

最近の最高裁判決は、素朴な良心からの違憲判決が増えているような気がする。結論は、法律を違憲とする大胆なものであっても、どうも論証が軽い、あるいは論理的でないのである。素朴な良心は、悪《あ》しきポピュリズムと紙一重である。「法の支配」は、素朴な良心ではなく、徹底的に法的推論に拘《こだわ》ることで、一時の感情に流されることなく、普遍的な価値にたどり着くようにするための歴史的な知恵である。

憲法76条3項は、「すべて裁判官は、その良心に従ひ独立してその職権を行ひ、この憲法及び法律にのみ拘束される」と定める。「良心に従ひ独立して」職務を行う裁判所が、独善に陥ることなく、しかも悪しきポピュリズムに流されることなく、裁判の正当性を維持するには、理論の厳しさが必要である。理論があってこそ、良心も生きる。国民が裁判所を信頼する根拠、すなわち、裁判所の正統性の源《みなもと》は、素朴な良心ではなく、裁判官のプロとしての法解釈能力であろう。このことを今一度自覚してほしい、というのが最近の最高裁への要望である。

4.

憲法9条とシマウマの檻

――どのように憲法9条改正論議に臨むべきか？

「改憲」と言えば「憲法9条改正」のこと、という時代が長く続いた。参議院の権限縮小や環境権条項を導入する憲法改正の是非が、一般メディアで真剣に検討された例はほとんどないように思われる。本来なら「憲法改正に賛成ですか?」などと質問されても、どの条項をどう改正するのかが分からないと、賛成も反対もしようがないはずである。にもかかわらず、この質問に基づく世論調査が有効だったのも、憲法と言えば9条という共通了解があったからである。「改憲派」と言えば憲法9条を改正すべきだと主張する人だったし、「護憲派」と言えば、憲法9条に手を加えるべきでないと主張する人だった。

この両者は当然のことながら激しく対立し、全く相容《あいい》れないように思える。しかし、ただ一点、憲法9条が、世界に例を見ないユニークな条項だと評価する点で、両者は共通している。改憲派は、憲法9条を「異常」と評し、「普通の国」を目指すべきだと主張する。他方、護憲派は、世界に先駆けて崇高な理想を掲げた「特別」な条項と理解し、憲法9条を世界中に輸出すべきだと主張したりする。

ただ、私は、憲法9条をユニークな条項だとする理解には反対である。そうした理解は、憲法9条が置かれた文脈を正しく理解していないように思われるからである。

中島らもの小説『ガダラの豚』には、驚異的なアフリカの呪術師バキリが登場する。バキリは、恐ろしい妖術使いであると同時に、近代的な技術や兵器も使いこなす科学者でもある。妖術と科学技術を同時に使うということには、違和感があるだろう。しかし、バキリは、伝統の殻にこもり妖術にしか興味を示さない他の呪術師や、科学技術だけを真理と見なす先進国の住民は、いずれも愚かだとして、こんな喩《たとえ》をする。

「格子戸の中にシマウマを入れるんだ。あんた方は、座った席の角度によって、あれは白馬だ、いや黒馬だと騒ぐ。そこに真実があるかね。問題は、私はシマウマを見ているが君たちは見ておらんということだ」（実業之日本社、４４０頁）

この喩のシーンには、何とも言い難い迫力がある。日本悪役史に残るバキリの活躍については、ぜひとも『ガダラの豚』をお読みいただきたい。この小説を読む時間は、絶対に損にならない。今すぐ、書店に行こう。そうしないと、一生の損になる。と、ここまで書いていていて思ったが、『ガダラの豚』を読むのは、本書を最後まで読んでいただいてからでも遅くはない。

さて、ここで紹介したシマウマの喩は、憲法9条の置かれた状況そのものである。憲法9条は、複眼的に観察しないと、その内容を把握できない。そこで、本章では、憲法9条の内容を掘り下げ、その改正の是非についてどう考えればよいか、議論をしてみたい。

1　9条と国際法

まず、条文を確認しよう。

【憲法9条】

1項　日本国民は、正義と秩序を基調とする国際平和を誠実に希求し、国権の発動たる戦争と、武力による威嚇又は武力の行使は、国際紛争を解決する手段としては、永久にこれを放棄する。

2項　前項の目的を達するため、陸海空軍その他の戦力は、これを保持しない。国の交戦権は、これを認めない。

この条文は、一見すると、武器を用いる組織の設立を完全に禁じているように読める。このため、なぜ憲法９条と自衛隊が両立するのか、という疑問を引き起こしてきた。しかし、法律の文言は、日常用語とは異なる。各文言を精密に定義し、解釈する必要があるため、その条文だけを見ても理解できないことが多い。実は、憲法９条の内容は、国際法を理解しないと分からないのである。

ここまで強調してきたように、異なる個性や価値観の人々が共存するためには、「分かりやすく」素朴な議論ではなく、様々な要素を考慮に入れた繊細な議論やルール作りが必要である。「殴られる前に殴らないと殺される」「核武装だけが厳しい国際社会で生き残るための唯一の手段だ」など、憲法９条や国際法については、「分かりやすい」議論が横行する。しかし、暴力には暴力を、という要素だけでは、国際社会で人々が共存できるルールは作れない。国際法は、国際社会がむき出しの暴力の世界にならないよう、数々の法学者や外交官、政治家が努力に努力を重ねて作り出したルールである。憲法９条を解釈するにも、まずは、そうした努力について知る必要がある。というわけで、国際法の話から始めよう。

国際法とは、主権国家同士の関係を規律する法である。例えば、どこからどこまでがその国の領土・領海か。公海上で資源を採掘できるか。条約は、どのような手続を踏めば有効か。こういったことを決めている。

国際法については、あんなものは無意味だと言う人もいる。彼らによれば、北朝鮮は、国際法を無視して核開発をするし、中国は、国際法なんか関係なしに尖閣諸島を奪いにくるらしい。しかし、である。彼らは何を基準に北朝鮮や中国の活動を非難しているのか、今一度、考えてほしい。北朝鮮の核開発を違法だと非難できるのは国際法があるからだし、日本が尖閣諸島の領有権を主張できるのも国際法があるからである。もし、国際法が無意味だと言うなら、核開発や領土侵犯も違法ではなく、単に感情的に気に入らない活動をしているにすぎないということになる。

もちろん、国際法には、国内法における警察官や民事執行官のような、強力な執行制度が欠けているのは事実である。どうやってそれを執行するかは、現代国際法の大きな課題であることは否定できない。しかし、法の第一の機能は、適法な行為と違法な行為を区分することである。強制執行の制度が不十分だからといって、法として無意味だということにはならない。適法行為と違法行為の基準が国際社会で共有されている限り、国際法違反を犯すことは非常にリスキーである。それをすれば、各国からの強い非難や様々な制裁を覚悟しなければならない。さらに、国境を越えた経済的・文化的な結び付きが強まった現代国際社会において、「国際法違反を平気でする国だ」という不信を持たれることは、経済・文化交流から疎外されることにつながる。こうした有形・無形の不利益を考えれば、合理的な国家は、強制執行制度がなくとも、安易に国際法を無視することなどできない。

2　戦争違法化への道のりと国連憲章

さて、そんな国際法の最も重要な機能の一つが、各国の武力行使の規律である。主権国家は強大な実力を持っているから、むやみに武力衝突が起これば互いに国力を著しく損なうことになる。そこで、武力行使をなんとかして制限できないか、と考えるのが自然だろう。こうした国際法による武力行使制限の歴史は、19世紀に遡《さかのぼ》る。もちろん、もっと遡ることもできるが、憲法９条との関係では19世紀からの展開が重要である。

19世紀は、欧米列強が領土拡張と植民地を求めて争った時代である。このため、19世紀の国際法では、戦争自体は違法行為でなく、「宣戦布告」という特別な手続を踏めば適法に武力を行使できた。とはいえ、当時の国際法が、「無制限に武力を行使してよい」という内容だったわけではない。非戦闘員を攻撃してはいけないとか、捕虜を虐待してはならないというように、戦争時に守るべきルールは共有されていた。こうした戦争時に適用される法のことを、戦時国際法（英語でLaw of War、ラテン語でJus in Bello）と言った。これに対して、戦争状態のない時に適用される法が平時国際法である。

しかし、この19世紀国際法は、一歩引いてみると、かなり奇妙な体系である。例えば、A国が宣戦布告せずにB国の船を攻撃すれば、違法である。他方、A国が宣戦布告をすれば、戦争状態になるので、戦時国際法を遵守する限りでいくらでもB国を攻撃してよい。平時の小競《ぜ》り合いは違法なのに、戦時に大々的に攻撃すれば適法。これでは、窃盗や暴行を処罰しつつ、強盗や殺人を見逃すようなもので、悲惨な武力行使がいつまでも続くことになる。

こうした反省があり、20世紀国際法は、戦争一般を違法とする動きが出てくる。その萌芽は1907年の「契約上ノ債務回収ノ為ニスル兵力使用ノ制限ニ関スル条約」に現れ、以下、１９１９年の国際連盟規約、１９２８年の不戦条約へと発展する。不戦条約は、国際紛争解決のため、または、政策目的のための戦争（いわゆる侵略戦争）を禁じるものであった。これらの条約は、戦争一般の違法化を目指しているという意味で、19世紀までの国際法とは一線を画《かく》している。しかし、侵略を認定する第三者的な主体がないなど、その実効性にはいろいろと問題があった。第二次大戦が生じた理由は多々あれど、国際法の未成熟もその要因の一つだろう。

20世紀半ば、二度にわたる世界大戦の反省を踏まえ、国際連合が成立する。１９４５年に制定された国際連合憲章は、20世紀国際法の到達点を示している。その条文を確認しながら、20世紀国際法の武力統制の内容を整理していこう。

まず、国連憲章2条4項は、国家による組織的な武力行使・武力による威嚇一般を違法としている。

【国連憲章2条】

４項　すべての加盟国は、その国際関係において、武力による威嚇又は武力の行使

（the threat or use of force）を、いかなる国の領土保全又は政治的独立に対するものも、また、国際連合の目的と両立しない他のいかなる方法によるものも慎まなければならない。

これは、「武力不行使原則」と呼ばれる原則であり、国家による武力の利用一般が禁じられている。「武力による威嚇」「武力の行使」とは、戦争を含むより広い概念である。また、武力不行使原則は、世界中のあらゆる国を拘束する「国際慣習法」の内容でもあるとされている。したがって、国連非加盟であったり、国連を脱退したりしても、武力不行使原則が適用されなくなるわけではない。つまり、国際関係で武力を行使した国は、どんな国であろうと国際的な非難の対象となる。

3 国連の集団安全保障

こうして、戦争一般を違法とする原則が確立する。しかし、いくら武力による侵略は違法だと言ったところで、現に違法行為をしてきた国に対して、「違法だからやめてください」と訴えるだけでは安全は保障されない。

そこで、国際連合は、「集団安全保障」という構想に基づく制度を作った。集団安全保障とは、侵略国家が現れたら、被侵略国だけでなく国連加盟国全体で反撃を加えて平和を維持しようという制度である。この「集団安全保障」は、後で説明する「集団的自衛権」と言葉は似ているが、全く別の制度なので注意してほしい。

国連憲章42条は、次のように定め、安全保障理事会の決議に基づき、平和のための措置をとることを認めている。

【国連憲章42条】

安全保障理事会は、第41条に定める措置〔武力を伴わない経済的・外交的措置や通信や交通の遮断などのこと：木村註〕では不充分であろうと認め、又は不充分なことが判明したと認めるときは、国際の平和及び安全の維持又は回復（maintain or restore international peace and security）に必要な空軍、海軍又は陸軍の行動（action by air, sea, or land forces）をとることができる。この行動は、国際連合加盟国の空軍、海軍又は陸軍による示威、封鎖その他の行動を含むことができる。

「戦争」は一般に禁止されるが、平和的解決が不可能な場合は、例外的に、国連安保理の判断に基づく軍事措置をとることができる、ということである。ここに定められた「空軍、海軍又は陸軍の行動」は、侵略を受けた国だけではなく、国連加盟国が兵士や装備を出し合って行うことが想定されている。

国連憲章では、こうした集団安全保障措置のために、特別協定に基づき加盟国が提供する兵力による「国連軍」が結成されることになっている。そして、国連軍は、提供国ではなく、安保理自身がコントロールする（国連憲章48条）。

もっとも、こうした正規の国連軍は歴史上結成されたことはない。朝鮮戦争や湾岸戦争では、安保理が各加盟国に「軍事的措置を勧告または容認する」という決議を出して、各加盟国がそれぞれに決議を実現するという対応がとられてきた。

4 国連憲章における自衛権

国際紛争は当事国だけの問題ではなく、国際的関心事であるから、国際社会が協力して国際平和を維持しようというのは、全くもって正当だろう。しかし、安保理は、多数の理事国からなる会議体であり、迅速《じんそく》な対応ができないこともある。例えば、A国がB国へのミサイル発射準備を開始した、という切迫した状況で、安保理決議がないのでB国は一切の措置をとれないとするのは、あまりにも酷だろう。

というわけで、急迫不正な侵害を受けた国は、その侵害を除去するために必要最小限度の範囲で反撃等の措置をとることができるとされている。この急迫不正な侵害に対する必要最小限度の措置をとる権限を、「自衛権」と呼ぶ。次の条文を見ていただきたい。

【国連憲章51条】

この憲章のいかなる規定も、国際連合加盟国に対して武力攻撃が発生した場合には、安全保障理事会が国際の平和及び安全の維持に必要な措置をとるまでの間、個別的又は集団的自衛の固有の権利（the inherent right of individual or collective self-defense）を害するものではない。この自衛権の行使に当つて加盟国がとつた措置は、直ちに安全保障理事会に報告しなければならない。また、この措置は、安全保障理事会が国際の平和及び安全の維持又は回復のために必要と認める行動をいつでもとるこの憲章に基く権能及び責任に対しては、いかなる影響も及ぼすものではない。

ここで、自衛権には、「個別的」なものと、「集団的」なものがあるとされる。個別的自衛権とは、A国がA国自身を守るための措置をとる権限である。他方、集団的自衛権とは、A国が、B国の自衛に協力する権限である。

自衛権は、あくまで侵略国の武力攻撃を除去するための例外中の例外であり、極めて限定された条件の下でのみ行使できるとされる。では、どんな条件を充たせば、自衛のための措置がとれるか。

まず、自衛権を行使するには、①「武力攻撃が発生」していることが必要である。「武力攻撃」には、実際に攻撃を受けている場合はもちろん、今にも攻撃が行われるという切迫した危険が存在している場合も含まれる。さらに、自衛権の行使は、それ以外の方法では自衛ができないという、②「自衛の必要性」があること、また、自衛のために必要な範囲を超えた実力を行使しないという、③「自衛の均衡性」を充たす範囲でのみ許容される。

ところで、自衛戦争とは、「自衛のため」という名目で、①〜③の要件を充たさないのに戦争をすることをいう。「戦争」である以上、どんな名目をつけようと国際法上は違法である。日常生活に喩えるなら、「『相手が殴りかかってきた』ので最小限の正当防衛をした」のが自衛権の行使、「『いつ殴られるか分からない』ので相手を殴りつけた」のが自衛戦争である。言葉は似ていてもえらい違いである。しばしば、「憲法９条は自衛戦争を禁じているから、改正して、自衛戦争ができるようにすべきだ」と言う人がいるが、国連憲章の内容を少しでも知っていると、この発言がいかにぶっ飛んだものかが分かるだろう。自衛戦争は、国際法上違法であり、そんなものができたらマズいのである。

さて、以上に見てきた国際法の原則をまとめると、次のようになる。

【国連憲章と武力行使】

(1) 武力による威嚇・武力の行使は違法であり、禁止される（国連憲章２条４項）。
(2) 例外的に、安保理決議に基づく軍事措置は許容される（国連憲章42条）。

(3)さらに例外的に、安保理決議がない段階でも、武力攻撃に対しては、個別的自衛権・集団的自衛権に基づく措置をとることができる（国連憲章51条）。

こうした国際法の原則は、まとめてしまえば、まあそんなものかというように見えるだろう。しかし、国際社会の様々な要素を考慮に入れ、それを明晰なルールの形でまとめる作業は非常に難しいものであった。武力不行使原則は数々の悲劇的戦争から人類が地道に築いてきた非常に貴重な財産である。

これを踏まえて、憲法9条に移ろう。憲法9条の内容は、日本国の防衛に関する規律と、外国の防衛や国際平和に協力する活動に関する規律に分けて考える必要がある。

5　憲法9条と日本国の防衛

まず、日本国の防衛に関する規律について考えよう。再度、憲法9条の条文を確認してほしい。

【憲法９条】

1項　日本国民は、正義と秩序を基調とする国際平和を誠実に希求し、国権の発動たる戦争と、武力による威嚇又は武力の行使は、国際紛争を解決する手段としては、永久にこれを放棄する。

2項　前項の目的を達するため、陸海空軍その他の戦力は、これを保持しない。国の交戦権は、これを認めない。

憲法9条1項は、要するに、国際法上違法とされた「戦争」を含む「武力による威嚇」や「武力の行使」をしないという意味である。

また、憲法9条2項は、「前項の目的を達するため」の条項なので、同項に言う「軍」「戦力」とは、1項や国際法で禁止された「戦争」「武力による威嚇」「武力の行使」を遂行するための組織・力をいう。国際法上違法な行為をするための組織・力を保有してはならないのは当然であり、2項の内容は1項の自然な帰結である。

この点については、しばしば、「どこの国にも軍隊がある」と言われる。確かに、「軍」と呼ばれる組織を持つ国は多い。しかし、武力不行使原則からすれば、海外で軍と呼ばれる組織も、戦争遂行のための組織であってはならない。あくまで、自衛権の行使と国連の集団安全保障のための組織のはずである。そうすると、憲法9条2項の意味での「陸海空軍」を持つ国はないはずだし、あったとしても、その国は国際法の重要な原則に違反していると言わざるを得ない。

このように、憲法9条は、国際法の武力不行使原則を確認した規定だと整理できる。

さて、武力不行使原則には例外があった。憲法9条は、国連憲章で規定された武力不行使原則の三つの例外について、どのような態度を取っているだろうか。

まず、法的な文脈で「武力の行使」とか「戦争」の禁止といった場合、普通は、自衛権の行使や国連による集団安全保障措置を含まないものと解釈される。このため、憲法9条が禁じる「武力の行使」や「戦争」に、個別的自衛権の行使までもが含まれると解釈するのは説得的ではない。また、この憲法は、あくまで日本の憲法であるから、他国が、日本の防衛に協力することを禁じるものではない。

というわけで、日本が個別的自衛権を行使すること、あるいは、国連の集団安全保障措置や他国の集団的自衛権の行使によって、他国に日本の防衛に協力してもらうことは、憲法９条により禁じられていない。現在では、これが一般的な解釈であり、日本政府もそう解釈してきた。

ちなみに、「自衛隊」の英訳はJapan Self-Defense Forcesである。「self-defense」は国連憲章51条の用語であり、また国連憲章42条は「forces」による行動を認めているので、自衛隊の名称は国連憲章の用語法と平仄《ひょうそく》が合っているとも言える。

６ 「普通の」憲法９条の役割

以上に見たように、憲法９条の内容は、国際法の一般原則に沿ったもので、全く異常なものではない。憲法９条は、日本特有の「普通でない」規定だと言われることも多いが、実際には、国連憲章という世界１９０カ国以上が批准する条約の内容に沿ったものである。つまり、グローバルスタンダードに則った「普通の」内容なのである。

そうすると、「憲法９条を改正すれば、日本の防衛力が強化される」「憲法９条のせいで、日本の防衛力は弱められている」といった議論は、全くの誤解に基づくものだということになる。というのも、仮に憲法９条がなかったとしても、日本は国際法に拘束される。したがって、憲法９条を削除しても「周辺諸国との緊張への対応」のためにとり得る選択肢が増えるわけではなく、「自衛戦争」ができるようになるわけでもない。「日本の防衛力を強化」とか「高まる周辺諸国との緊張への対応」という理由で、憲法９条を改正しようと提案する人は、憲法９条・国際法に関する正確な知識を欠いており、そもそも、憲法９条改正論議に参加する資格などない。

もっとも、憲法９条が国際法原則の確認に止まるのだとすると、なぜ国際法に加え、わざわざ憲法規定として置いておく必要があるのだろうか、という疑問も生じるだろう。しかし、憲法条項として、９条のような条文があることは極めて有意義である。

まず、国際法上の原則を、国内法で再確認すれば、国民が理解しやすい。国民に対して、武力不行使原則を宣言することで、政府が実力組織を備える場合には、それが国際法で認められた必要最小限度の範囲に収まっていることを国民に説明しなければならなくなる。政府に、防衛組織・活動に関する説明責任を課し、国際法の厳守を促すことは、権力を統制するために非常に有意義である。実際、日本政府は、防衛予算をＧＮＰ１％枠内に収めることを原則としたり、新たな装備を配備する時に、あくまで「自衛のための必要最小限度」の範囲で必要なものだとの説明を要求されたりしてきた。憲法９条は、これまで、そうした機能を十分に果たしてきたし、今後も、それを維持すべきなのは明らかだろう。

また、序章で述べたように、憲法典中の規定は、それが法律文書として技術的にどのような意味があるか、という観点だけでなく、外交宣言としてどのようなインパクトがあるかにも配慮が必要である。憲法９条は、国際法を遵守する旨の外交宣言でもある。現状、国際法を強制的に執行する主体は存在しない。こうした中で、お互いの信頼を醸成するには、国際法を尊重する宣言を明確に出しておくことが有意義であり、憲法９条の意義は計り知れないほど大きい。

7 憲法９条と集団安全保障・集団的自衛権

続いて、国外の平和に目を向けてみよう。日本が国連軍に参加したり、集団的自衛権を行使して外国の防衛活動に協力したりすることについては、憲法９条はどのような態度を取っているのだろうか。

この点、一般には、憲法9条は、①日本が国連の集団安全保障措置に参加すること、及び②集団的自衛権を行使することを禁じていると解されている。これはどのような論拠に基づくものだろうか。

憲法9条の文言は、国連憲章2条4項が違法とする「武力の行使」「武力による威嚇」「戦争」を禁ずるものである。そして、①集団安全保障措置への参加や②集団的自衛権の行使は、違法な「武力の行使」「武力による威嚇」「戦争」に該当しないので、憲法9条自体は、①や②をしてよいとも、ダメとも書いていない。そんなわけで、「ダメと書いていないので、やってよいのだ」と解釈する人もいる。

こうした解釈は、個別的自衛権については説得的である。国連による集団安全保障は万能ではなく、日本国の防衛に責任を持ってくれる主体は、日本国のみである。とすれば、日本国には、日本国民の生命や安全を守る義務があり（憲法13条参照）、個別的自衛権を行使すべき場面で、それを行使しないという選択肢は想定できない。そうすると、そのための権限が認められるべきで、明文で禁じられていないのだから、個別的自衛権の行使は禁じられていない、と解釈すべきだろう。

しかし、①集団安全保障措置への参加や②集団的自衛権の行使については、こうした解釈は説得的ではない。日本国の自衛と異なり、①や②については領域外で生じている問題であるため、日本政府がそれを行う義務を直接負うわけではないのである。もし、それを日本の責任として引き受けるのであれば、その旨の明文があるはずである。

さらに、①や②を行うとなれば、それぞれのケースで個別に参加・行使の是非を判断する必要がある。もし、憲法が、それを想定しているなら、①や②を行うかどうかを誰がどのように判断するのか、その決定手続を定めているはずである。しかし、憲法９条を含め日本国憲法のどこを見ても、そうした手続の規定はない。となれば、憲法は、①国連の集団安全保障措置への参加や②集団的自衛権の行使を想定していないと解するのが妥当だろう。

そして、実際、政府も、このように解釈してきた。例によって、こうした解釈も一貫したものであり、「解釈改憲」が行われてきたわけではない。

8 憲法9条と国際貢献

さて、このように解釈するにしても、日本国が平和のために国際貢献活動をできないわけではない。例えば、災害時に、武装していない消防隊や自衛隊を派遣して救助や復興を手伝うこと、技術や事務のために、日本の公務員を派遣すること、ボランティア活動を支援すること、などは、当然、憲法9条に違反しない。

また、いわゆる国連のPKO（平和維持活動〈PKO：Peacekeeping Operations〉）への協力も、一定の限度で可能である。PKOは、国連の安保理決議に基づき小規模な部隊を派遣し、停戦・撤退の監視、治安維持等を行うものである。

PKOは、国際平和の維持のために一定の評価を受けており、1990年代から、日本もそれに貢献すべきではないかと真剣に検討された。もっとも、紛争当事者の同意なしに実力を行使することは、憲法9条に違反する。そこで、1992年に成立した国際平和協力法で、①停戦合意、②受入国・当事者の合意、③PKOの中立性、④①〜③の条件がなくなった場合の即時撤退、⑤武器使用は、自己及びその管理にある者の保護のために必要最低限度の範囲で、という5条件を充たす場合にのみ、派遣ができるというルールが整えられた。

しばしば、「憲法9条のせいで、ＰＫＯで危険な場所に派遣された自衛隊が敵を攻撃できない」といった主張がなされるが、大きな誤解である。仮に、隊員に具体的な危険が生じれば、⑤の範囲で武器使用は許容されている。さらに、⑤のような例外的武器使用では隊員の安全を確保できないほど「危険な場所」や、積極的に「敵を攻撃」する必要のある場所に派遣することは、そもそも①〜③の要件を充たしていない。つまり、そんな場所に派遣すること自体が、法律に違反すると評価されるのである。

憲法9条は、国際平和に貢献するための活動については、以上のような制限を設けている。では、なぜ、このような制限が設けられているのだろうか。この点については、二つの視点から理解しておく必要がある。

まず、日本国は、明治憲法の時代に軍事力の統制に失敗し、侵略戦争を展開した過去がある。こうした過去の歴史のために、国際社会には、日本は軍事力統制能力が不十分なのではないか、という一定の不信感が残っている。そうした中で、外国に実力を行使する可能性を宣言すれば、それがたとえ国際法や国連の枠内であったとしても、不信感を助長してしまうだろう。このため、国際法・国連の枠内であっても、自国の防衛以外の目的で実力を行使しないことを規定し、過去の歴史から生ずる不信感の除去に努めることは有益である。これが、憲法9条の第一の存在意義である。

また、こうした過去の歴史をカッコに入れて考えたとしても、①国連の集団安全保障措置への参加や②集団的自衛権の行使をしない国家があることは、国際社会に有意義である可能性がある。アフガニスタンでボランティア活動を行う中村哲氏が、しばしば強調することだが、紛争地域でボランティア活動をするには、現地の人々から怨念や不信を向けられないことが大事である。「日本という国は、どんな名目であっても外国を攻撃しない」ことが知られていれば、現地の人から活動の中立性について高い信頼が得られる可能性が高い。

例えば、アメリカ人がアフガニスタンでボランティア活動をしたとしよう。その人物がどんなに善意の人物であったとしても、現地の人々からすれば「空爆でアフガニスタンの国民を何人も殺したアメリカ人の一員」である。なので、怨念を向けられたり、攻撃のためのスパイではないかと不審がられたりするのもやむを得ない一面がある。

これに対し、「どんな名目であっても外国を攻撃しない」国家であることを宣言していれば、活動の中立性に対する信頼を獲得できる面がある。そうした信頼を生かして、難民支援や復興支援に力点を置いて国際貢献を行う国家があることは、国際社会にとっても有益だろう。国際社会にも、役割分担があってよいはずである。

憲法９条が、①国連の集団安全保障措置への参加及び②集団的自衛権の行使を制限することには、このような理由がある。

９　憲法９条の改正論

以上をまとめると、現在の９条の内容は次のようになる。まず、日本国の防衛は、国際法の範囲内で行い、自らは個別的自衛権の行使のために必要最小限度の範囲で実力を行使する。次に、実力を用いた集団安全保障措置には参加せず、集団的自衛権は行使しない。国際貢献は、非軍事的な活動に限定して行う。

さて、このような制限を解除するため、憲法９条を改正すべきだという主張もある。それについて、どのように考えればよいだろうか。この主張には、二つのタイプがあるので、それぞれ検証することにしよう。

まず、第一の主張は、「日本の防衛力」の強化のために、集団的自衛権が必要だとする主張である。また、最近では、集団的自衛権の行使は「日本の防衛のための必要最小限度」に含まれる、と解釈を変更すべきだと提案されることもある。

しかし、そもそも、集団的自衛権とは、「他国の防衛」を援助する権利である。また、国連や同盟国に自国の自衛への協力を求めることは、集団的自衛権の行使ではない。したがって、「日本の防衛」のために集団的自衛権が必要だという議論は、定義上あり得ないのである。こうした誤った前提に基づく改憲論や解釈変更の主張は、あまりにも稚拙《ちせつ》である。はっきり言えば、こうした定義も理解していない人に、安全保障や憲法9条を巡る議論に参加する資格はない。

日本をとりまく国際環境が緊迫しているというなら、まずは、外交努力をすべきであり、それは国連憲章2条3項の要請でもある。それが上手くいかない時に備え、適切な自衛の枠組みを整え、国連や同盟国と協力関係を整えておくことは必要だろう。しかし、そのために、憲法9条の改正は全く必要でない。

とはいえ、憲法９条改正論は、そうした稚拙な議論ばかりではない。私が受講した国際法の教授だった大沼保昭先生は、国際法第二部（自衛権や国連憲章などを学ぶ内容）の講義を「日本のような『超大国』が、国連の集団安全保障活動に参加しないことのマイナスはとても大きい。国連の平和のための活動に貢献することは、先進国としての責務ではないか」という趣旨の言葉で終わらせた。これが第二のタイプの主張である。国際平和について考え尽くした国際法の大家の言葉は、とてつもなく重く響いた。

現在のアフガニスタンや南スーダンで、一般の人々が日々生命の危険にさらされているとの報道に触れるにつけ、どんな手段を使ってでも彼らの安全を守るべき責務が国際社会の一員としてあるのではないか、と考えさせられる。私自身は、それでもなお「自衛以外に武力を行使しない国」という独自のポジションを確保するのは、国際貢献のあり方として良い方法ではないかと思っている。しかし、こうした国際平和への貢献のために、憲法９条の改正が必要だという議論は、真剣に検討しなければならないだろう。

10 憲法9条改正の条件

もっとも、憲法9条を改正し、日本が国際平和のための武力行使に参加するには、いくつかの条件が充たされる必要がある。

まず、国民一人ひとりが、集団安全保障措置への参加や集団的自衛権の行使に関する政府の判断を批判的に検証できるようになる必要があろう。具体的には、安保理決議の内容を吟味《ぎんみ》する能力や、国際紛争の状況を精査し、どのような対応をすべきかを検証できる能力を身に付ける必要がある。

しかし、現状、メディアでの国際紛争ニュースの比率は低く、東ティモールや南スーダンへの国民の関心は低いように思われる。これは、メディア自身の問題もあるし、メディアが報道しても強い関心を持たない国民にも責任があるだろう。国民自身が国際問題への関心を高め、それに関する報道が高い視聴率を取るようになれば、報道予算も増え、報道の質も高まる。そして、それにより国民の関心はさらに高まる。こうした循環が生まれない状況で、集団安全保障措置への参加等を解禁すれば、判断は政府任せになり、海外での野放図《のほうず》な武力行使を抑制できなくなってしまう。それは、かえって、国際社会での日本の評価を低落させる可能性が高い。

さらに、国連という組織そのものが、より正当性・正統性を持ち、十分な人的・資金的資源を備える必要があろう。現在のシステムでは、安保理の力が強すぎ、国連の判断が常に国際社会にとって正しい判断である、との信頼があるとは言い難い。こうした信頼がない中で、集団安全保障措置に参加しても、大国の主張に振り回されるだけになってしまう恐れがある。国連の機能強化に向けて、国際的な働きかけをする必要もあろう。

また、先ほど述べたように、日本政府は、軍事力の統制に失敗した過去があり、国内外での不信感は今なお強い。憲法９条を改正するなら、過去の失敗への反省の姿勢を強く示し、内外の信頼を醸成することが、当然の前提になる。しかし、憲法９条改憲派の言動には、信頼の醸成からかけ離れたものが多い。現役の財務大臣がナチスを見習えと発言してみたり、改憲派の政党の党首が慰安婦問題について無節操な発言をする。さらに、首相は、戦犯を英霊と祀《まつ》る神社に参拝し、国家の指導者として当然の行為だと断言する。

こういう報道を見ていると、まずは、学校の世界史を勉強し直してほしくなる。第二次大戦後のドイツの場合、ニュルンベルク裁判で戦争責任を問い、ナチス関連の戦争犯罪を裁くことから、戦争当事国との関係を再出発させたのである。これを日本とパラレルに見るなら、東京裁判で大日本帝国の戦争犯罪を裁き、戦後の国際関係を築いてきたのである。個人的な歴史認識として、「ナチスと大日本帝国の政府や軍は全く性質が異なる」と評価をする人がいるのはやむを得ない。しかし、戦争責任を負うべき主体として、「ナチスと大日本帝国の政府や軍は同等の位置にある」ことが、戦後外交の基本認識であることは、当然の国際教養として理解すべきだろう。自分の世界観に浸《ひた》って満足することなく、常に、国際社会から見られているという緊張感を持って、多角的に検討の上、なすべき行動を決めなければならないのである。

憲法9条を改正したいのなら、国際平和の理念を掲げ、国内外の信頼を醸成するために極めて慎重な言説を積み重ねる必要があろう。水も漏らさぬ完全試合が要求される場面で、慰安婦発言・ナチス発言・侵略否定発言といったタイムリーエラーを重ねれば、憲法9条の改正はどんどん遠くなる。こうした言動を見ていると、この人たちは、本当に憲法9条を改正したいのだろうか、と不思議な気分になる。国際主義の観点から真剣に憲法9条の改正を主張する人は、こうした状況を苦々しく思っているはずである。

というわけで、現状、憲法9条改憲の前提は全く整っていないと評価せざるを得ない。

第４章まとめ

憲法９条は、日常用語からすれば、防衛活動を含めた一切の武力行使を禁じており、軍隊や自衛隊のような実力組織を持つことを制限しているように見える。

しかし、「戦争」「武力行使」「戦力」といった概念は、いずれも、国際法や国連憲章の枠組みを前提に解釈されねばならない。「戦争」や「武力行使」は、国際法上適法とされる自衛としても、集団安全保障措置としても説明できない武力行使をいう。「戦力」は、そうした違法な武力行使のための実力をいい、そんなものを持ってはならないのは当然だろう。こうした国際法と憲法９条の枠組みは、国際平和を維持するための長年の試行錯誤と努力の成果である。

こうした法技術的な枠組みは、細かい法概念を一つひとつ理解しないと把握できない。そのため、「分かりにくい」面があるのは事実である。それを「分かる」ためには、どうしても時間がかかるし、頭も疲れる。しかし、だからといって、この枠組みを一切無視して、「憲法９条は、侵略への反撃も禁止しているからおかしい」「自衛戦争を遂行するための軍隊を持って、普通の国になるのだ」「戦争は外交の一手段として認められるべきものだ」「憲法９条は絶対非武装を定めているから、自衛隊は即時解散すべきだ」といった「分かりやすい」議論に流れるのは、これまでの国際平和の枠組み作りの努力に対し、あまりに失礼というものだろう。憲法９条の法技術的文書としての側面は、国際法の教科書の該当箇所と併せて読まないと理解できないが、逆に言えば、標準的な教科書さえ読めば、十分に理解できる。

また、本章でも強調したように、憲法９条は、外交宣言としても少なからぬ意味を持つ。この条項は、自国の防衛について国際法の枠組みを遵守すること、過去の侵略行為への反省を示し、国際法や国連の枠組みでも海外での武力行使を自粛すること、武力のない世界平和の理想にコミットすること、といった内容を対外的に宣言するものであり、こうした外交宣言を出すことは、諸外国から信頼を獲得するためには必要不可欠と言える。

国際法の枠組みや外交宣言としての側面を無視して、憲法９条の文言だけを見て議論するのは、檻の中のシマウマを黒馬だ白馬だと騒ぐようなもので、意味のあるものとは言い難い。

今後、国際平和の実現のためには、国際法や国連の制度をより洗練させていく必要があり、日本国民も、そのために知恵を出し、提案をし、それを実現するために多方面で努力すべきだろう。

そこで重要なのは、国際法や憲法９条が目指している究極の理想は「世界各国が非武装を選択できる平和な世界」だということを確認することだろう。武力不行使原則を完全に実現するには、各国が軍隊や武力を一切持たなくても平和が維持できる状況が必要である。

そうした状況は、現段階では想像することすら困難である。しかし、そうした究極の理想があるからこそ、現実的な取り組みに方向性が与えられる。国際法学者の大沼先生らは、集団安全保障に協力し、紛争地域の平和を確保するのが先決で、その後に軍縮を進めようと考えているわけである。これに対し、憲法学者の多くは、日本が率先して軍縮を進めることで、平和な世界の実現が近づくと考えた。いわゆる自衛隊違憲説も、「自衛隊は違憲なので即時に解散しろ」という説ではなく、「自衛隊が存在しなければならない現状に甘んずることなく、国際社会を究極の理想状態に導く努力を放棄すべきではない」という説として理解できる。

憲法９条を維持するか、改正するかは、そうした究極の理想への取り組みとして、いかなることをなすべきか、という観点から議論を組み立てるべきだと思われる。

5.

国民の理性と知性

——何のための憲法96条改正なのか?

平成25年の4月から5月にかけて、憲法96条という、これまであまり議論になったことのない憲法条項の改憲論議が盛り上がりを見せた。この本を手に取っている人も、新聞や雑誌、テレビ、ラジオなどでこの問題に触れたのではないだろうか。

現在では、もはやこの論戦は沈静化しているが、いつの日か蒸し返されないとも限らない。そこで、今一度、あの96条改憲論の何がおかしかったかを確認しておこう（なお、本章は、朝日新聞社WEBRONZAに平成25年5月25日から28日にかけて掲載したものを加筆・修正したものである）。

改憲賛成派からは、「憲法96条を改憲しても、国民投票がある。国民を信頼できないのか？」という主張が出され、改憲反対派からは、「権力者が憲法改正手続を緩《ゆる》めてくれと言うのは、立憲主義の破壊だ」「96条を変えて、9条を楽に変えようなどというのは裏口入学だ」などと反論された。

「国民を信頼せよ」「立憲主義の破壊」「裏口入学」。こうした議論のスローガンやキーワードは、とても分かりやすく、問題の本質を分かった気にさせてくれる。しかし、これらのスローガンやキーワードの意味を、深く、冷静に考えてみると、よく分からないことも多い。例えば、「裏口入学」という言葉からは、なんとなく姑息《こそく》な感じが伝わってくるが、具体的にどういうことなのだろうか。あるいは、「国民を信頼する」という時の「国民」とは、誰のことなのだろうか。

そこで、憲法96条改憲論議の意味を、落ち着いて考えてみることにしたい。

1 「3分の2」→「過半数」の提案

話は、自民党の改憲草案に遡る。平成24年4月、自由民主党は、日本国憲法のほぼ全分野に変更を加える「日本国憲法改正草案」を発表した。もっとも、発表時点の自民党は野党であり、内容的にも粗雑な部分が多かったこともあって、この草案はさほど大きな注目を集めなかった。

しかし、平成24年末、衆議院が解散され、総選挙後に安倍政権が発足する。安倍首相が熱心な改憲派だったこともあり、この草案はにわかに注目されるようになった。

翌年1月30日の衆議院本会議で、平沼赳夫《たけお》議員が、①日本国憲法は無効であり廃棄すべきだとの主張を紹介した上で、②改憲について、総理はどのような姿勢で臨むのか、と質問する。

首相は、まず、①については、「現行憲法の成立過程については種々の議論がありますが、現行憲法は、最終的には帝国議会において議決され、既に六十有余年経過したものであり、有効なものと考えております」と、当たり前（ここで、「無効だと思います」と答弁したら、首相を首相たらしめている根拠法がなくなり、安倍首相は首相ではないことになってしまう）の見解を示しつつ、②について次のように述べる。

【平成25年1月30日　衆議院本会議（平沼議員への答弁）】

憲法の改正については、党派ごとに異なる意見があるため、まずは、多くの党派が主張しております憲法第九十六条の改正に取り組んでまいります。

ここで言及された憲法96条とは、憲法改正手続を定めた次のような内容のものである。

【憲法96条】

1項　この憲法の改正は、各議院の総議員の三分の二以上の賛成で、国会が、これを発議し、国民に提案してその承認を経なければならない。この承認には、特別の国民投票又は国会の定める選挙の際行はれる投票において、その過半数の賛成を必要とする。

2項　憲法改正について前項の承認を経たときは、天皇は、国民の名で、この憲法と一体を成すものとして、直ちにこれを公布する。

安倍首相の主張は、1項の「総議員の三分の二以上」の部分を、自民党草案の内容に沿って、「総議員の過半数」へと変更すべきだというものだった。そして、その論拠は、「三分の一をちょっと超える国会議員が反対しただけで、国民が望む改憲を実現できないのはおかしい」というものであった（衆議院予算委員会平成25年4月9日）。

この提案については、護憲派・改憲派という枠を超え、憲法学者からの批判が集中することになった。

長谷部恭男《やすお》教授（東京大学）は「過半数」改憲は「収拾のつかない混乱」をもたらしかねないと指摘し（毎日新聞平成25年5月3日朝刊）、石川健治教授（東京大学）は「反逆」だと論じた（朝日新聞平成25年5月3日朝刊）。高見勝利教授（上智大学）は、憲法記念日の講演会で、政権の動きを「一種のクーデター」と強い口調で批判した（全国憲法研究会憲法記念講演会・上智大学）。さらに、改憲派の論客として名高い小林節教授（慶應義塾大学）も、「裏口入学」であり言語道断だと論じている（朝日新聞平成25年5月4日朝刊）。

こうした「収拾のつかない混乱」「反逆」「クーデター」「裏口入学」という言葉は、理論的根拠や重点の違いは多々あれど、真面目に憲法を学んできた法律家にとって、安倍政権の提案が、あってはならない提案であることを示している。

なぜ、「過半数」改憲論は問題外なのか。この点を検討していこう。

2 なぜ憲法96条は厳しい手続を要求するのか？

そもそも、なぜ憲法96条が、憲法典の改正に厳格な手続を要求しているのか、について確認しよう。

まず、重要なのは、第1章で議論した「立憲主義の構想」である。人権とは、多数決によって奪ってはならない権利であり、権力分立とは、権力独裁を防ぐための制度である。したがって、人権保障と権力分立を確保するには、それを憲法典に明文化した上で、その改正に厳格な手続を要求する工夫が重要である。日本国憲法も、立憲主義を実現するためのものなのだから、その改正手続が厳しいのは当然だろう。

また、日本国憲法は、象徴天皇制や国民主権、平和主義、地方自治の本旨など、国家の重要な基本原理をも定めている。こうした国家の重要な基本原理を、軽々しく変更するのは好ましくない。時代が変化して、人々の人権をより十分に保障するためにルールを修正する必要が生じるにしても、党派を超えた十分な議論を経て、広範な合意を得られなければ、変更すべきではないだろう。真に必要な変更であれば、議論により合意が得られるはずである。仮に合意が得られないのだとすれば、その修正の提案は、「みんなの利益」という甘言《かんげん》で表面を覆《おお》いつつも、その中身は党派的な提案である可能性が高い。

このため、憲法96条は改憲の条件として、議員が十分な議論を重ね、衆参両院の3分の2、すなわち与党・野党の壁を越えた広い合意に至るべきこと、さらに、その議論の過程で示された論拠も含めて、修正内容を国民自らが精査し、国民投票によって承認すべきことを要求しているのである。

この「衆参両院の総議員の3分の2」要件を、攻略不能の障壁であるかのように言う人もいる。確かに、通常の法律の成立要件よりはかなり厳しいだろう。しかし、法律の中には全会一致で成立するものも珍しくない。例えば、ネット選挙解禁法案がその例である。また、重要な法案も、3分の2以上の賛成で成立することがある。平成24年夏、消費税増税法案が、民自公3党の合意に基づき衆参両院の圧倒的多数で成立したのは記憶に新しいだろう。

与党も野党も、闇雲《やみくも》に相手の主張に反対しているわけではない。十分に合理的な提案であれば、現に、合意は得られているのである。改憲が発議されなかったのは、憲法96条が理不尽に厳しかったからではなく、広範な合意を獲得できる提案が出されなかったからにすぎない。

このように、なぜ憲法96条が厳格な手続を要求しているのかを説明すれば、これを改正してはならないということは大多数の人には納得いただけるはずである。とはいえ、それでもまだ、「国民投票さえあれば、国会での議論はなくてもよい」と言う人もいるかもしれない。そこで、続いて、仮に憲法96条を改正するとどのような問題が生じるのかについて考えてみたい。いろいろ指摘されてきたが、次の三つに整理できるだろう。

3 三つの問題：改憲拒否権の放棄、与党の道具、ゲームのルールの変更

第一の問題は、改憲案が、半分近くの議員を無視して作られる点である。

現状、衆参いずれかで3分の1以上の議席を持つ野党（ないし野党連合）には、改憲拒否権がある。このため、与党が改憲案を作る場合も、野党の意向を無視できない。

例えば、いわゆる「地域主権改革」に逆行するような改憲案は、民主党や維新の会から強烈な反対を受け、改憲拒否権を行使されるだろう。今の政治状況では、自民党は、中央集権的な改憲案を作りたくても作れない。

実際、平成24年4月に発表された「自民党改憲草案」には、看過できない問題はあるにしても、平和主義の理念や権利保障規定に一定の配慮があり、護憲派議員を含めた広い合意を取り付けようとする姿勢が全くないわけではない。

自民党の「日本国憲法改正草案Q＆A（増補版）」でも「憲法改正の発議要件が両院の3分の2以上であれば、自民党の案のまま憲法改正が発議できるとは、とても考えられません。まず、各党間でおおむねの了解を得られる事項について、部分的に憲法改正を行うことになるものと考えます」（同39頁）と説明されている。

しかし、もし、発議要件を過半数として、自民党あるいは自公連立与党だけで改憲案を発議できるなら、わざわざ野党に配慮する理由はなくなってしまう。新たな力を手にした権力者はより独善的・強圧的になるものである。96条が改正され、野党から改憲拒否権が奪われれば、草案の内容は、民主党や維新の会、みんなの党などの支持者にとって今より不満足なものになる可能性が高い。現在の自民党草案も、あくまで現行憲法96条を前提とした草案である。新しい手続の下でも、そのままの提案がされると思うのは、権力者の怖さに対して見通しが甘すぎる。

また、野党の反応を無視できる環境を作り出すのは、自民党自身にとっても、理想的な環境とは言い難い。野党の反応を無視できるのであれば、もっと良いアイデアを探し出そう、自らの議案をより良くしよう、というインセンティブを失ってしまう。

先に指摘したように、憲法改正は、党派を超えた幅広い支持に基づき行われるべきである。とすれば、野党から改憲拒否権を奪うのは不適切だろう。

第二の問題は、国民投票のテーマとタイミングを与党が自由に選べることである。憲法96条改憲運動のスローガンは「国民を信頼できないのか?」である。確かに、国民投票は、国民の意思を直接確認できる魅力的な手続だろう。

しかし、国民投票は、国民に十分な時間と情報を与えた上で、慎重にテーマとタイミングを選んで活用すべき制度である。例えば、ワクチン接種をすべきか考える際、その病気からどのような症状が出るのか、重症化率はどれくらいか、ワクチンの副作用にはどのようなものがあるか、などを説明して、十分に考える時間を与えなければ、そのワクチン接種を義務付けるべきかどうかを投票にかけても、意味のある結論は得られない。

これと同様に、憲法改正の意味や内容を理解するには、一定の議論と時間が必要である。憲法96条は、与党内の議論だけでは改憲を発議させず、国会での広範な合意を取り付けるプロセスを求めている。このプロセスの中で、国民に議論と情報が浸透していくわけである。

ところが、現政権の提案によれば、テーマとタイミングを、「与党」が単独で選べるのである。もし、テーマとタイミングを国民自ら決定できないのなら、国民投票は、与党の決定を権威付ける道具にすぎなくなってしまう。これがマズいことは、今の与野党を入れ替えて想像してみるとよく分かるのではないか。もし発議要件が「過半数」であれば、かつての菅政権は、原発禁止の憲法条項を、原発事故の直後に発議していたかもしれない。原発への賛否は様々だろうが、事故直後の混乱を利用して国民投票を実施するのはアンフェアだと感じる人が多いのではないだろうか。

要するに、「与党がテーマとタイミングを好きに選べる国民投票」は、与党の道具にすぎず、本当の意味での国民投票とは言い難いのである。

第三の問題は、改憲要件自体の変更を認めると、極めて不公平な政治ゲームが成立することである。これは、最も深刻な問題である。

不当な憲法条項が成立しても、政権交代をして、もう一度改憲発議すればよい、と考える人もいるだろう。しかし、問題の憲法条項に、「この条項は改正できない」「この条項の改正を発議するには、衆参両院の総議員の4分の3の賛成が必要である」といった付帯条項があったらどうだろうか。また、必要な修正が終わったところで発議要件を元の「3分の2」に戻したらどうだろうか。これは、長谷部教授が常々指摘する問題である（毎日新聞平成25年5月3日朝刊参照）。

改憲要件の緩和は、緩和時点での与党にゲームのルール自体を変える権限を与えかねない。そして、ゲームのルールを勝手に変える相手とは、もはやゲームはできないのである。こういうことを指摘すると、現政権は、「そのような腹黒いことは考えていないです」と言うだろう。確かに、現政権の人々は、良い人たちなのかもしれない。しかし、いつ「悪賢い人」が政権に就くかは分からない。また、歴史的には、それまで好人物と思われていた人が、強大な権力を与えられたとたん、圧政を敷き、人権を侵害することもしばしばである。権力は人を変える。そして、万が一の権力の横暴に備えるのが、憲法と立憲主義なのである。

まとめると、「3分の2→過半数」という96条改正は、①野党から改憲拒否権を奪い、②国民投票を与党の道具にしてしまい、③政治ゲームを極めて不公平なものへと変える。戦慄すべき事態だろう。

これまでの議論により、96条がなぜ厳格な手続を定めているのか、及び、自民党の改憲案がいかに不当なものであるのか、ということは、ご理解いただけると思う。

4 「過半数」改憲派の主張

では、「過半数」改憲派は、どのような根拠を挙げているのだろうか。続いて、この点を整理し、検討をしてみよう。96条改憲論の主張は、概《おおむ》ね四つに分類できる。

第一は「国民は信頼できる（からヘンな改憲案が出るようになっても大丈夫）」という主張。第二は、「現行憲法の制定過程に問題がある」から、改憲をしやすくすべきだ、というもの。第三は、「憲法96条の内容は、諸外国の改憲手続より厳しいから、諸外国の水準に合わせるべきだ」というもの。そして第四は「『国民』が改憲を望んでいる時に、3分の1ちょっとの国会議員の意思が障害になってはならない」というものである。

このうち、第一の主張は、橋下徹氏が好む議論である。橋下氏は、しばしば、「96条改正反対派は、国民をもっと信頼すべきだ」と言う（毎日新聞平成25年5月3日インタビューなど）。

しかし、国民を信頼できること、つまり「ヘンな案が出ても否決されること」は、「ヘンな案を提案してよい」理由にはならない。決裁権を持つ上司がTOEIC®945点だからといって、アメリカでの営業を担当する部署にTOEIC®50点の人を配属してはならないのと事情は同じである。それとも、橋下氏は、そういう場合でも、上司が信頼できるから、50点の人を配属しても大丈夫ですよ、と言うのだろうか？

「3分の2→過半数」を主張するなら、「3分の2」よりも、「過半数」のほうが良質な改憲案を作れるという根拠を示すべきである。問題は、改憲案を作る手続なのに、それを決裁する国民投票の信頼性に話をズラすのは、論点のすり替えも甚《はなは》だしい。

また、第二の主張も問題外である。そもそも、制定経緯をどう思うかは、憲法の「内容」となんら関係がなく、全く改憲の理由付けにならない。制定経緯が気に食わないという主張は、逆に言えば、「内容についての文句はない（制定経緯ぐらいしか文句が言えない）」ということだろう。そうすると、それを理由に改憲手続を変更するのは、全くスジが通らない。

では第三の主張はどうだろうか。日本国憲法の改正手続は、諸外国に比べ厳格にすぎるのか、検討してみよう。

ここで、諸外国の改憲要件を簡単に確認しておこう。韓国では国会（一院制）の在籍議員3分の2の賛成＋国民投票による承認（大韓民国憲法第十章）、アメリカでは上下両院での3分の2の賛成＋4分の3の州の承認（アメリカ合衆国憲法第五編）、ドイツでは連邦議会・連邦参議院双方で構成員3分の2の賛成（ドイツ連邦共和国基本法79条）が必要とされている。フランスでは、国会の有効投票数の5分の3ないし、国会の議決＋国民投票により改憲ができる（フランス1958年憲法89条）。

では、これらの国と比べて、日本の要件は厳しいのだろうか。

例えば、「総議員の3分の2」と「出席議員の3分の2」とでは、確かに「総議員」とする日本のほうが厳しそうである。しかし、その差がどれぐらいなのかは、はっきりしない。改憲のような重要問題について、反対派が敢えて欠席するような事態は想定し難く、これが大きな差であるという議論に説得力はない。また、日本や韓国の「国民投票」と、連邦国家アメリカの「州の承認」とでは、性質が違うから、そもそも比較できないだろう。このように、改憲要件は、各国のシステムが異なる以上、単純な比較はできないのである。

また、改憲手続を比較するだけでは分からないこともある。改憲の難易度は、①改正限界の量と②改憲手続の厳しさで決まる。

改正限界とは、憲法所定の改正手続では変えられない内容のことをいい、諸外国の憲法には、「この条項は、改憲手続を経ても改正できない」とする条文がある。

例えば、ドイツには、基本権保障・連邦制の基本原理の変更を禁じる条項があり（ドイツ連邦共和国基本法79条3項）、フランスにも共和制の変更を禁じる条項（フランス1958年憲法89条5項）がある。また、アメリカ合衆国憲法では、各州に同数の上院議員定数を配分することを定めているが、これを変更することは、不平等に定数を減らされる州の同意がない限りできないとされている（同第五編）。

改憲手続がいくら緩くても、改正限界が多ければ実際には変更できない部分が多いということになり、その国の憲法は、非常に「硬い」憲法だということになる。改憲要件の厳しさ・緩さは、単純に手続だけを比較しても分からないのである。

さらに厄介なことに、「改正限界」の内容は、形式的に条文を見ただけでは分からないことが多い。例えば、フランス憲法の冒頭には、１７８９年に採択された人権宣言が鎮座《ちんざ》している。憲法の文言だけを読むと、これも改正できそうだが、恐らく、フランスの法律家は、改憲手続を経れば人権宣言を破棄できる、とは考えていないだろう。イギリスも、不文憲法・軟性憲法の国だと言われるが、議会の議決だけで王室を廃止できるとは思えない。

要するに、改憲要件の厳しさ・緩さを比較するのはほとんど不可能ないし無意味であり、形式的な比較もトリビア知識以上の意味はない。

さらに、改憲回数が少ないことから、やはり日本の手続は厳しいのだと言う人もいる。しかし、日本の国会法・内閣法レベルの規定が憲法典で定められている国もあるし、欧州諸国はＥＵ化に対応するため憲法典上も様々な対応が必要になっている。軍事クーデターが起きてそれを正当化する改憲が行われ、その後、民主化の過程でさらに改憲が行われるというケースもある。改憲回数を比較しても、やはり全く意味がないだろう。

要するに、改正手続が外国よりも厳しい、もしくは緩やかだとしても、それに応じて日本国憲法を改正すべきだとは限らない。例えば、主食におけるパンの比率が外国に比べて低いからといって、パンの消費量を増やすべきだとは誰も考えないだろう。外国との比較は、外国と同様の方向に改めるべきことが明らかになった場合の参考資料として用いるべきであり、そもそも、外国と同様の方向に進めるべきかどうかを検討する際の根拠にはならない。

5 国民が望む改憲のための改正？

というわけで、「過半数」改憲論のうち、第一から第三までの主張はおよそお話にならないレベルと言ってよいだろう。では、第四の主張、「『国民』が改憲を望んでいる時に、国会議員が反対したからといって改憲できないのはおかしい」という主張は、どうだろうか。これは、安倍晋三氏が最も強調する点である。

筆者は、平成25年夏の選挙当日のラジオ番組で、安倍氏に質問をする機会をいただいた。ここで、「憲法96条の変更を訴えていらっしゃいますが、自民党草案では3分の2の合意を得る自信がないのですか」と伺った。安倍氏はこの質問に対し、「違います（3分の2の賛成を得る自信はあります）。3分の1をちょっと超える国会議員が反対しただけで、国民の望む改憲ができないのはおかしいということです」と答え、ここでも「国民が望む改憲」を強調した。

しかし、「3分の2」の賛成を得られる改憲案を作る自信があるのなら、憲法96条を変えなくても、「国民の望む改憲」はできる。それに向けて、正々堂々と議論すればいいだけの話だろう。首相の回答は、端的に矛盾している。

その上、「国民の選んだ」国会議員との議論を軽視することは、国民の意思の軽視である。数多くの選挙を戦った安倍氏なら、国会で一議席を得ることがどれだけ大変なことか分かるだろう。そして、「改憲が必要な時でも、国民は、それに反対する国会議員を選んでしまうはずだ」、あるいは「国民の選んだ議員は、必要な改憲にも反対する不合理な人々だ」と考えるのは、あまりにも国民を信頼していない態度である。「もっと国民を信頼すべきだ」と言ってきたのは、「過半数」改憲派の人々ではなかっただろうか。

さらに、安倍氏の主張を突き詰めると、そもそもなぜ改憲発議権が国会に委ねられているのか、という根本的な疑問に行き着く。安倍氏の主張からすれば、国民が望む改憲発議を国会議員が阻止するのは、その数が「3分の1」だろうと、「2分の1」だろうと、あるいは「3分の2」だろうと問題である。安倍氏の主張する「過半数」設定でも、「半分をちょっと超える国会議員が反対すれば、改憲ができないのはおかしい」という批判を受けるだろう。むしろ、国会から改憲発議権を取り上げ、国民発案（例えば、10万人以上の署名を要件にする等）によって発議する制度を提案すべきである。

また、一見中立的に思える「過半数」という条件が、実は政権与党にとってのみ都合の良い制度であることに注意が必要である。

現行憲法96条を前提にする場合、政権与党だけでなく、野党も巻き込んだ広範な合意を取り付けるには、多くの時間をかけ、深い議論が必要となる。このため、改憲発議は自然と熟慮期間や情報流通が確保できるものになる。

ところが、合意のレベルが「過半数」でよいとなると、広範な合意を形成する必要がなくなってしまい、国民に投票のための判断材料が届かなくなってしまう。また、先ほど述べたように「投票」のタイミングを政権与党が自在に選べることになり、突発的な事情を利用して、十分な熟慮のない国民投票を実施してしまう危険が大きい。

要するに、「3分の2→過半数」という96条改憲は、「大事なことは国民が決めます。何が大事かは政権与党が決めます」という制度への変更である。これでは、夫婦関係における古典的なジョーク——一見亭主関白《ていしゅかんぱく》に見える夫が、「ウチでは大事なことは全て私が決めます。何が大事かは妻が決めます」——と同じだろう。

というわけで、憲法改正や国民投票が政権与党の道具になってしまう危険が大きい「過半数」への改憲は、「国民」のためを標榜《ひょうぼう》しつつ、政権与党にとってのみ都合のいい制度なのである。

6　そもそも憲法96条を改正できるのか?

さらに、発議要件の過半数への緩和は「違憲な改憲」であり、裁判所が無効と宣言する可能性すらある。実は、憲法改正には、衆議院、参議院、国民投票の他に、裁判所という第四のハードルがある。「過半数」改憲は、このハードルを越えられないかもしれないのである。

先に指摘したように、憲法には、所定の改正手続を経ても変更できない内容、改正限界があるのが普通である。日本の場合、明文の規定はないため、改正限界の範囲は、法律家や裁判所の解釈によって決まる。一般的な学説では、国民主権を天皇主権に変更したり、人権保障を停止したりする改憲は限界を超えると言われている。また、保守派の国会議員の中には、天皇制の廃止は改正限界を超えると言う人がいる（衆議院憲法調査会平成13年11月8日・松浪健四郎議員発言）。

そして、憲法改正のための国民投票手続を規定した「日本国憲法の改正手続に関する法律」には、国民投票無効の訴訟等の規定がある（同法第四章）。それによれば、「国民投票の管理執行に当たる機関が国民投票の管理執行につき遵守すべき手続に関する規定に違反した」場合には、国民投票を無効とする判決が出される（同法128条1項1号）。改正限界を超える違憲な発議は、日本国憲法に反する発議手続だから、「管理執行につき遵守すべき手続に関する規定に違反」にあたる。よって、それに基づき国民投票を執行すれば、当然、無効判決を出すべきだと解される。

では、「過半数」改憲は、改正限界を超えるだろうか。

本章冒頭で、政権の提案は「クーデター」「反逆」「裏口入学」だとする憲法学者の指摘を紹介した。それぞれニュアンスの違いはあるが、要するに、政権の提案は、改正限界を超える違憲な改憲案だという趣旨だろう。「過半数」への変更は、立憲主義を破壊する可能性が高く、それは改正限界を超えるという解釈には説得力がある。そして、これだけ有力な法学者がそろって違憲説を採ると、裁判所も、憲法96条の改憲自体が違憲だという判決を出す可能性がある。

また、憲法96条の改憲自体は可能だとしても、それによって改正限界が増える可能性がある。緩和された手続では、平和主義の規定や天皇制の廃止など、憲法の条文の中でも特に重要な事項については、改正できないという解釈が成立する可能性もあるだろう。

さらに、憲法96条が変更された場合、仮にそれが有効だとしても、しばらく改憲発議はできなくなると理解すべきだろう。なぜなら、現在の衆参両院の議員は、改憲発議のために3分の2の賛成が必要であることを前提に選ばれており、新制度による改憲発議権限を委ねられているとは認められないからである。したがって、新規定を前提に衆参両院の全議員が選ばれてからでないと、新96条に基づく改憲発議はできないと解すべきである。

このように、仮に憲法96条の改憲が有効だったとしても、裁判所は、今指摘したことを前提に、新96条による改憲の有効性を判断する可能性が高い。

第5章まとめ

「過半数」改憲の提案以降、様々なメディアでこの問題が取り上げられた。当初、「国民を信頼していないのか？」「3分の1をちょっと超えるだけの国会議員が改憲を阻止できるのはおかしい」という「分かりやすい」理屈が展開され、一定の支持を集めた。憲法記念日前後までは、かなり危機感を持っていた人も多かったのではないかと思われる。

しかし、立憲主義の意義や憲法96条の趣旨への理解が広まるにつれ、「過半数」改憲への反対は強まり、世論調査で反対多数の結果が出るようになった。それを受け、「過半数」改憲論を主張する人はほとんどいなくなった。この問題についての決着はついた、と言ってよいだろう。

「過半数」改憲論のこうした顚末《てんまつ》は、「分かりやすい」議論に流されず、時間をかけてじっくりと憲法について考えることの意義を示していると思う。

それでもなお、「あなたは国民を信頼できないのか」という疑問もあるだろう。これに対する私の回答は次の通りである。

私は、日本国民の理性と知性を信頼している。自民党政権だって民主党政権だって、諸外国に見られる独裁政権に比べれば、はるかに立派な政権だった。独裁者の登場を許さず、ちゃんとした権力者を選任してきた日本国民の理性と知性は、とても立派だと思う。日本国民は、これまでも、そして、これからも、平気で人権を蹂躙《じゅうりん》したり、立憲主義のルールを破ったりする権力者を選んだりはしないだろう。また、本当に改憲が必要な時に、それに反対する愚かな議員を選んだりもしないだろう。改憲は、正々堂々、ルールに従って行うべきである。

終章

日本国憲法の物語

——事を正して罪をとふ、ことわりなきにあらず。されどいかにせん

本書をここまで読み通していただければ、日本国憲法は、立憲主義という近代国家の知恵と、武力不行使原則という国際法の大原則を形にしたもので、人類の貴重な遺産を継承する良い憲法の一つであることに納得していただけるだろう。もちろん、改善の余地のある条文はあるだろう。例えば、参議院の権限については、しばしば問題が指摘されるし、首相が自分の好きな時＝与党にとって一番有利な選挙のタイミングを選んで衆議院を解散できる制度も改善の余地がある。とはいえ、立憲主義を実現する法技術上の文書としては、よく練られているし、外交宣言としてもその内容は極めて真っ当な内容である。憲法典全体を取り換えたり、大幅な制度変更をしたりする必要がないのは明らかだろう。

にもかかわらず、我々は、しばしば、日本国憲法全体が欠陥にまみれたものなので、即座に全面改正しなければならないという主張に出会う。また、日本国憲法を「破棄」すべきだと主張する国会議員がいたりする。憲法の破棄などとは、立憲主義の趣旨を無視した発言であり、どう考えても国会議員としての資質を欠いているわけだが、今、それを問うてもきりがないのでやめておこう。

私が今、着目したいのは、なぜ、こういうことを言う人が出てくるのか、ということである。そうした主張は、具体的で合理的な問題の指摘を伴わないことが多く、その内容というより、日本国憲法という存在そのものへの強い反感に導かれているように思われる。憲法96条に関するあまりにも浅薄《せんぱく》で不合理な提案（「3分の2」→「過半数」）に一定の支持が集まったのも、「内容はどうでもいいから、とにかく憲法を変えたい」という奇妙な拘《こだわ》りを持つ人が一定数いたからだろう。

そういう奇妙な拘りを持つ人が強調するのは、決まって、日本国憲法の制定経緯である。なぜ、日本国憲法の制定過程は、そのような強い反感を生じさせてしまうのだろうか。このことを理解し、奇妙な拘りを解除していかないと、憲法についての落ち着いた議論はできないように思われる。そこで、最後に、日本国憲法の制定過程を概観し、そこに付与された物語、すなわち、憲法の第三の顔を分析することにしよう。

1　明治憲法の成立と崩壊

日本における立憲主義と憲法典の歴史は、明治維新に遡る。

1868年から69年にかけ、徳川幕府が打倒され、明治政府が樹立された。明治維新である。明治政府は、欧米列強に対抗するため、あらゆる分野で近代化を推し進め、政治制度も西欧化を進めた。1889年には、大日本帝国憲法（以下、明治憲法）が制定され、本格的な議会政治が導入された。明治憲法は、天皇主権原理を採用し、天皇が臣民に与えるものという形で定められた。

明治憲法は、言論の自由や信教の自由の制限には議会の同意が必要だと定めるなど、一応、人権宣言を置いている。また、帝国議会・大臣・裁判所の三権分立も定めている。つまり、立憲主義の観点からも、ある程度評価し得る内容になっている。特に、議会政治の導入は重要で、民選議員という新たな政治プレイヤーを創出した点で、日本の政治史において画期的な意義を持っている。

とはいえ、いくつかの問題点もあった。まず、天皇主権原理の下、広範な天皇大権が認められた点である。政府は、天皇の名を用いて、議会を無視して軍事指揮権を行使したり（統帥権の独立）、法律に代わる勅命を出したりすることができ、権力分立が確立していたとは言い難い。さらに、人権保障の点でも課題があった。確かに、議会の同意なしに自由を制限できないようになっていたが、他方、議会制定法があればいくらでも自由を制限できる内容になっていた。このため、社会主義団体の結成に重罰を科す治安維持法や、政府の都合で出版や記事の差し止めを命じることを認めた出版法・新聞法など、不当に自由を制限する立法もなされた。

権力分立と人権保障が不十分であったことは、日本の軍事力の統制失敗につながり、立憲主義が機能しなくなったことの一因であろう。

2 ポツダム宣言に基づく憲法草案の作成

１９３７年の盧溝橋《ろこうきょう》事件をきっかけに日中戦争が始まり、１９４１年には太平洋戦争に拡大する。戦争は長引き、１９４４年にサイパン島が陥落すると、日本は制空権を失い全土に大規模な空襲が仕掛けられるようになる。東京大空襲、ソ連参戦、原子爆弾の投下など、苛烈《かれつ》な攻撃が重なる中、１９４５年８月、日本政府はついに降伏し、ポツダム宣言の受諾を表明した。

ポツダム宣言とは、７月26日に、連合国が日本降伏の条件を提示した宣言である。その中に、「日本政府が民主主義に対する一切の障害を除去すること」（10項）という条項があった。

この条項は、憲法改正をも視野に、日本の国家制度に大きな改革を迫るものである。ただし、改革の主体は「日本政府」とされており、日本政府の自主性を尊重する内容となっている。この宣言が作られた時点では、アメリカ国務省穏健《おんけん》派が力を持っており、マイルドな表現が選択されたという。

もっとも、こうした穏健な態度は続かず、アメリカ国務省内では対日強硬派が力を増してくる。8月に入り、状況が切迫する中、日本政府は、「ポツダム宣言は日本の『国体』の維持を認めているのか？」という質問を連合国に投げた。それに対して、8月12日、アメリカのバーンズ国務長官は、「降伏時点から、日本政府は連合国軍最高司令官に服従することになる」とし、「日本政府の最終的形態は、日本国民が自由に表明する意思により決定される」と回答した。このバーンズ回答は、連合国主導で日本の国家制度を改革することを認めるものである。つまり、ポツダム宣言の文言よりもかなり踏み込んだ内容になっている。

こうした解釈が出された上で、8月14日にポツダム宣言受諾が決定され、翌日、公表された。

9月2日に、日本政府は降伏文書に調印し、連合国軍最高司令官総司令部（GHQ）の占領が始まる。10月4日には、GHQから日本政府に、ポツダム宣言の言う「民主主義」実現のために、憲法改正が必要だという要求が出された。もっとも、この時点では、GHQが自ら草案を作るという構想はなく、日本政府に草案作りが任されることになる。

これを受け、政府は、10月25日、松本烝治《じょうじ》国務大臣率いる憲法問題調査委員会（以下、松本委員会）を発足させた。松本委員会には、当時の著名な憲法学者や法制官僚が参加しており、何度も会合を開いて憲法草案を作り上げていった。

松本委員会は、翌1946年までにいわゆる松本案をまとめる。ここには、貴族院を廃止するなど革新的な内容も含まれていたが、権力分立や人権保障が十分とは言えなかった。

3　GHQ案と「翻訳」「整合性の確保」

さて、順調に行けば、この松本案が帝国議会に上程され、新憲法になるはずだったが、2月1日に、毎日新聞が松本案の内容をスクープする事件が起きる。このスクープは、委員会の誰かがリークをしたということではなく、記者が偶然入手した草案に基づくものだったようである。非公開で進められていた松本案の内容が公にされ、GHQは、松本案の保守性に驚いたとされる。

この時期、極東委員会の開会が迫っていた。極東委員会は、連合国側11カ国の代表からなる日本統治のための委員会であり、この中には、共産圏の盟主ソ連が含まれていた。GHQとしては、日本の憲法作りにソ連が介入することを嫌い、できるだけ早く新憲法を制定させたいと考えていた。そこで、マッカーサーは、日本政府に任せたのでは間に合わないと判断し、GHQで原案作りを進めることを決定した。作業は2月3日から進められ、2月12日にGHQ案が完成。13日に、日本政府に提示された。日本政府は、この指示を受け、GHQ案を基にした政府案の作成を閣議決定する。

GHQ案といっても、その内容は英語であり、それを「翻訳」し、日本の法制度と「整合性」を確保する必要がある。そこで、3月冒頭から4月にかけて、日本政府とGHQの「折衝」が進められ、4月17日に「憲法改正草案」が完成した。

ここでの「翻訳」や「整合性の確保」というのが曲者《くせもの》である。日本側は、単純にGHQ

の意向をそのまま読み取り忠実に再現したわけではなく、このプロセスの中で、日本政府の要望も実現された。例えば、ＧＨＱ案は一院制を採用していたが、日本政府の要望で衆参両院からなる二院制が採用されたというのは有名である。

また、法の下の平等を規定する現14条にも重要な変更がなされている。ＧＨＱ案では、外国人にも平等条項を適用するように、「人は法の下に平等」という表現が採用されていた。しかし、外国人に強い権利を付与することを危惧した日本政府は、日本法の他の文言との「整合性の確保」プロセスの中で、外国人の扱いについては憲法14条の射程外だと解釈しやすいように、「国民は」法の下に平等という文言に変えられた。これを日本政府のぎりぎりの頑張りと見るか、政治の意図を骨抜きにする霞が関一流の技術と見るかは評価の分かれるところだろう（ちなみに、最高裁は昭和39年に法の下の平等条項が外国人にも適用されるという判決を出しており、判例上は、ＧＨＱ案に代表される国際世論の意図の通りに適用されている）。

さて、こうした手続を経て、4月下旬から6月に枢密院審議、6月20日から第90帝国議会が開会し、いくつかの修正を経て、10月に衆議院・貴族院の両院が可決。10月26日に、修正案が枢密院で可決され、11月3日に「日本国憲法」として公布された。これは、明治憲法の改正手続に則ったもので、翌1947年5月3日より施行され、現在の憲法となった。

日本国憲法は、議院内閣制や違憲立法審査制といった統治機構上の新制度を導入し、権力分立を進めた。また、議会の同意があっても奪い得ない自由権を保障している。こうした内容は松本案にはなかったもので、明治憲法の欠点を改善し、民主主義を実現するために、良質な憲法典が完成したと基本的には評価できるだろう。

4 日本国憲法制定過程の評価

以上に見た日本国憲法の制定過程は、占領軍が偶然的な事情で憲法の骨格を起草し、それが大きな反発なく日本政府に受け入れられ、日本側の要望によりアレンジされた上で、日本国民に受け入れられたプロセスとしてまとめることができよう。

このプロセスは、どのように評価すればよいだろうか。一般に、外国政府や占領軍が憲法原案を作成するのは、好ましいことではない。占領された国の政府や国民から反発を受けるだろうし、その国の事情に疎《うと》い外国人が制度設計しても上手くいかないことが多いからである。もっとも、第二次大戦後の日本では、政府内にＧＨＱ案への強い反発は生じなかった。また、象徴天皇制、議院内閣制、違憲立法審査制など、日本国憲法が導入した制度は、国民に定着し、上手く機能してきた。

ではなぜ、こうしたプロセスが１９４５～47年の日本で上手く機能したのだろうか。もちろん、マッカーサーやＧＨＱ、当時の日本政府のメンバーの個性や人間関係もあるだろう。しかし、ここで強調しておきたいのは、制度的な要因である。

明治憲法以来、日本には立憲主義・三権分立・議会政治といった西欧型の政治制度がある程度定着していた。明治憲法から日本国憲法への変化は、日本の憲法を大きく変えるものではあったが、国家制度上の骨格を大きく変えるものではなく、ただ洗練させたものだと言えよう。このため、日本政府は、ＧＨＱが示した提案の意味を、かなりの程度、理解することができた。折衝の過程を細かく見ても、日本の法制官僚とＧＨＱのコミュニケーションはかなりスムーズで、両者が憲法というものの理解を共有していたことを窺《うかが》わせる。

もし、明治維新の時期に、米軍が日本を占領して、徳川幕府に憲法草案を突き付けたとしても、日本国憲法制定のようには上手くいかなかったであろう。徳川幕府と明治憲法の距離に比べれば、明治憲法と日本国憲法の距離ははるかに近い。

以上のような考察からすると、このような憲法制定過程は、一般論としては上手く機能しないプロセスだが、１９４５～47年の段階で、日本の新憲法を制定するプロセスとしては悪くなかったと評価できるだろう。

5　「押し付け憲法論」とは何か？

とはいえ、こうした日本国憲法の制定過程について、「押し付け憲法論」を根拠に、強い反発を発露する人もいる。「押し付け憲法論」とは、憲法は日本の主権者たる日本国民が制定しなければならないのだから、ＧＨＱが作った原案を日本国民に押し付けたのは不当だ、という主張である。

これは一見、「分かりやすい」主張である。しかし、上に見たような制定過程を細かく見ていくと、日本国憲法はＧＨＱだけが作ったものではない。さらに、そもそも、この主張には致命的な矛盾がある。「押し付け憲法論」は、国民が自ら憲法を制定すべきと主張するのだから、国民主権を前提とする。しかしながら、国民主権原理自体、GHQ案により導入されたものである。となると、「押し付け憲法論」は、GHQが「押し付けた」国民主権原理に反するから、GHQの押し付けはおかしいという議論構造になっていることになる。

「押し付け憲法論」は、大半の国民の支持を得られなかったが、こうした不合理で首尾一貫しない議論が相手にされないのも当然だろう。

1946年の段階で、日本の領域に住むほとんどの人が、日本国憲法を日本の憲法典だと認識したのは事実である。そうすると、日本国憲法が妥当性を持った憲法であることを前提に、内容に問題があれば改正する、というのが理性的な態度だろう。もし、憲法を改正したいのなら、制定過程をとやかく言う必要はなく、内容の問題を指摘すべきである。第5章に述べたように、制定過程以外に問題点を指摘できないということは、内容に不満がないということである。日本国憲法に対する主だった批判が制定過程を批判する「押し付け憲法論」だったという事実は、その内容が優れていたということを示している。

6 敗戦の屈辱の象徴？

さて、ここで話を終えてしまってもよいのだが、「押し付け憲法論」には、もう少し考えなくてはならないことがある。「押し付け憲法論」を説く人は、なぜか、天皇が明治憲法を日本国民に押し付けたことは問題にしない。日本国憲法制定過程には、普通選挙で選ばれた議員の集《つど》う衆議院が関与していることを考えると、日本国民が全く関与していないわけではない。これに対し、明治憲法は全く国民の関与なく施行されており、明治憲法こそ、真の「押し付け憲法」である（専門用語では、君主が国民に押し付ける憲法のことを「欽《きん》定《てい》憲法」という）。にもかかわらず、「押し付け憲法」論者は、日本国憲法のほうを問題とする。さらに、場合によっては、押し付け憲法である明治憲法に戻ろうと言う。

こう考えてくると、「押し付け憲法論」が本当に訴えたいのは、実は、「日本国民自身が」憲法草案を作らなかったことではなくて、「GHQが」憲法草案を書いたことだと考えたほうがよさそうである。ではなぜ、GHQが問題なのか。

一見すると「外国人だから」というのが答えになりそうである。しかし、憲法その他重要法典の草案作りに、外国の専門家が関与することは希《まれ》ではない。日本の民法や明治憲法も起草過程で多くの外国人が関わっているし、現代では日本人の法学者が国際協力として外国の法典整備に手を貸す例も多い。

そうすると、結局、GHQが戦勝者であり、敗戦者の自尊心を刺激する存在だと理解するほうが適切だろう。敗戦に屈辱《くつじょく》を感じる人から見た時、日本国憲法は屈辱の象徴となる。敗戦の屈辱感から逃れたいという叫びが、「押し付け憲法論」の本質なのである。

こうした「敗戦の屈辱の象徴」として日本国憲法を位置付ける「押し付け憲法論」は、日本国憲法にその内容とは関係のない物語を読み込むものである。以下、そうした議論を「屈辱の物語」と呼ぶことにしよう。我々は、この物語に対し、どのように対応すればよいのだろうか。

理屈だけで言うなら、「不合理だから相手にしない」と言って無視すればよいように思える。これまでの専門研究者は、概ねそういう態度を取ってきた。しかし、昨今、ついに首相の地位にある人物までもが、そうした「屈辱の物語」をベースに活動し、立憲主義を揺るがし、外交関係を危機に陥《おとしい》れているのである。なぜ、少なからぬ人が、この物語に惹《ひ》きつけられるのかを問う必要があろう。

思うに、この手の物語の厄介なところは、とても「分かりやすい」ところである。「戦勝者が敗戦者に押し付けた屈辱の文書なのだ」という説明は、日本国憲法の法技術的、あるいは外交宣言的な内容の繊細な説明よりもはるかに短時間で理解できる。頭が疲れてくれば、分かりやすい話に飛びついて、分かった気になり、はいおしまいとしたくもなるだろう。しかし、時間をかけて落ち着いて考えれば、そうした「分かりやすい」議論の限界が分かってくる。ここまで分析してきた国民主権、権力分立、人権保障、平和主義、憲法改正手続は、「屈辱の物語」などを読み込まず、それ自体を読めば、十分に納得できる合理的な内容だろう。

したがって、まず、憲法はその内容で評価すべきだ、という理性的な議論を定着させることが重要である。内容と無関係な物語を読み込んで、合理的な内容の憲法を排除しようとすることは、国内法としても、外交宣言としても好ましいことではない。

7 敗戦の物語と「白峯」

しかし、である。敗戦の屈辱の問題は、理性的な議論一本やりで解決するほど簡単ではない。ここで参照しなければならないのは、『雨月物語』「白峯」だろう。雨月物語は江戸中期の作家、上田秋成による9篇の作品からなる物語集である。「白峯」は、その最初の物語で、西行法師と怨霊と化した崇徳《すとく》上皇との対決を描いたものである。

1156年、後白河天皇と崇徳上皇との間で武力衝突が起きる。崇徳上皇は、後白河天皇を排し、自らの息子重仁《しげひと》を帝位に就けようとした。これを保元《ほうげん》の乱という。この戦いは、後白河天皇側が圧勝し、崇徳上皇は謀反《むほん》人として讃岐《さぬき》に流刑され、そこで亡くなる。その後、京都では不穏な事件や事故が相次ぎ、怨霊と化した上皇の祟《たた》りと恐れられた。

さて、「白峯」の物語は、崇徳上皇に仕えたこともある西行法師が、上皇の墓のある白峯を訪ねるところから始まる。墓は、「荊蕀薜蘿《うばらかづら》にうづもれてうらがなしき」もので、天皇の地位にあった者の眠る場所としてはなんとも寂しい。西行が涙しながら、歌を詠《よ》むと、どこからか呼ぶ声がする。声の主は、崇徳上皇の霊で、西行に返歌を贈った。

西行は驚き、なぜ成仏せず霊として彷徨《さまよ》っているのかと問う。対し、崇徳上皇は、自らの深い怒りを表明し、保元の乱での自らの行いを正当化する。周の武王《ぶおう》は、天命を受け暴君紂王《ちゅうおう》を打倒した。この中国の故事にも表れているように、天命を実現するためには、家臣が王を討つことも許される。後白河天皇は、我が息子重仁が天命を受けているにもかかわらず、帝位を奪った。家臣武王が主君紂王を討つことすら正当化されるのだから、もともと正しい血統にある重仁のために後白河天皇を打倒するのは、当然の行いではないか。これが崇徳上皇の論理である。

他方、西行は、天命のために君を討ってよいという教えは、天照大神《あまてらすおおみかみ》の開いた我が国にはふさわしくないと論難し、崇徳上皇の行いは結局、私怨に基づく浅ましい復讐ではないかと非難した。

『孟子』や『古事記』といった権威ある先例の射程を議論するこの辺りのやり取りは、正当防衛の判例を巡って議論する弁護士と検事のようで、極めて論理的で面白い。もっとも、「白峯」の物語は、あくまで崇徳上皇を非道の謀反人と位置付けるもので（当然のことながら、史実としての保元の乱の理解については諸説ある）、論戦は西行の勝利に終わる。普通のリーガルサスペンスなら、ここで物語は終わるだろう。

しかし、「白峯」の物語が凄まじいのはここからである。論破された崇徳上皇は、「長嘘《ながきいき》をつがせ玉ひ」（深いため息をつかれてから）、次のような印象的な台詞を残す。

「今、事を正して罪をとふ、ことわりなきにあらず。されどいかにせん」

論理の観点から私の罪を問うことは、理に適ったもので、間違ったものではない。しかし、私の気持ちは如何《いか》にすればよいのか。こう述べて、崇徳上皇は、流刑後、散々な扱いを受けてきたことを告白する。流刑地には、食事を届ける者の他は「まいりつかふる者もなし」。「罪深き事」を反省し、御経を写して和歌を添え都に届ければ「呪詛《じゅそ》の心にや」と言われ、突っ返される。いよいよ追い詰められ「ひとへに魔王となるべき大願をちかひ」「終《つい》に大魔王となりて」今に至る。

「押し付け憲法論」は、この崇徳上皇の側の論理に似ている。

戦争がもたらす甚大な被害を考えれば、加害者の罪を確定し、罰する必要がある。また、平和と秩序の回復のために、敗者の側が必ずしも望まない制度を受け入れることも必要になろう。そういう意味で、「事を正して罪をとふ」ことは絶対に必要だし、そこで、構築された制度を「それを気に入らない者がいる」という理由で反故《ほご》にすることは許されない。したがって、崇徳上皇（戦争を引き起こした大日本帝国）は罪人として扱わねばならないし、後白河天皇（日本国憲法）の正統性を排することも妥当でない。このことは、「ことわりなきにあらず」。

しかし、大日本帝国に愛着を持つ者からすれば、どんなに「ことわり」があっても、口惜しい気持ちや怨念は収まらない。「押し付け憲法論」を根拠に改憲を訴える人に、「先ほどから聞いていると、憲法の制定過程しか問題を指摘できないようですが、内容に問題はないということですね？」と聞くと、黙る。黙るが、納得はしない。まさに「ことわりなきにあらず。されどいかにせん」という態度である。

8　されどいかにせん

さて、この「されどいかにせん」という問いは、とても難しい問いである。崇徳上皇の気持ちにそのまま寄り添えば、秩序の正統性を否定し、平和を破壊することになる。

現在でも、大日本帝国の「されどいかにせん」の気持ちにそのまま寄り添い、日本国憲法の無効を訴え、東京裁判のやり直しを主張し、戦犯を祀る神社への参拝を国民として当然の行為だと言う人がいる（敗戦の最大の象徴といえばむしろ日米安保条約だと思うのだが、こういう人は日米安保条約を破棄せよとは決して言わないのが不思議である）。

しかし、それを突き詰めれば、戦後の国内秩序と国際平和を根本から破壊し、戦争と混乱の時代に戻るべきだということになる。「されどいかにせん」の気持ちに、そのまま寄り添うことはできないのである。

では西行と崇徳上皇はどうしたのか。

「されどいかにせん」の台詞の後、崇徳上皇は、大魔王となった本性を現し「朱をそゝぎたる竜顔《みおもて》（君子の顔の意）に、荆《おどろ》の髪膝にかゝるまで乱れ、白眼《しろまなこ》を吊あげ」る凄まじい姿を見せる。敗戦の怨念は、人間から品性を奪い鬼のごとき姿にしてしまう。「押し付け憲法論」を説く論者が、自らに反対する者やGHQや周辺諸国を口汚く罵《ののし》る様を彷彿《ほうふつ》とさせるシーンである。

この姿を見て、西行は、どうするのだろうか。崇徳上皇に対し優しさを示さなくてはならないことは確かである。しかし、大魔王の気持ちにそのまま寄り添うことはできない。西行は、次のような歌を詠んだ。

よしや君　昔の玉の床とても　かゝらんのちは　何にかはせん

立派な玉座にいたあなたであったのに、このような醜態《しゅうたい》をさらして、それが何のためになるというのでしょう。この歌は、崇徳上皇を「君」と呼び、「玉の床」にあったではないですかと声をかけ、その気持ちを尊重する優しさを込めたものである。しかし、厳しい歌でもある。あれほど立派なあなたであったのに、その醜態は何なのか。あなたであれば、その醜《みにく》さが分かるでしょう。

西行は、あくまで、「されどいかにせん」の気持ちは、自らが乗り越えなくてはならないものだと言う。これは、相手を尊重した上での厳しい態度である。あなたは立派な人なのだから、そのような醜い気持ちを自分で乗り越えることができるはずだ。こうした突き放した優しさこそが、「されどいかにせん」という問いへの答えではないだろうか。

ここに、「押し付け憲法論」という全くスジの通らない議論との付き合い方が示されている。我々は、敗戦の屈辱感に苦しみ、それに呑み込まれ醜態をさらしてしまう人に対し、「突き放した尊敬」を示さなくてはならない。

スジの通らない議論は、スジが通らないと論難し、「押し付け憲法論」を突き放さなければならない。しかし、それだけではいけない。あなたなら、スジの通らない議論に拘ってしまう浅ましい気持ちを乗り越えることができるはずだ、と尊敬を示す。「押し付け憲法論」の「されどいかにせん」という議論に対しては、このような観点からコミュニケーションをしてみる必要があろう。

終章まとめ

日本国憲法の制定過程は、占領軍が偶然的な事情で憲法の骨格を起草し、それが大きな反発なく日本政府に受け入れられ、日本側の要望によりアレンジされた上で、日本国民に受け入れられる、というものであった。

日本国憲法は、松本案にはなかった、議院内閣制や違憲立法審査制といった統治機構上の新制度を導入し、また、議会の同意があっても奪い得ない自由権を保障している。それらは、明治憲法の欠点を改善するもので、基本的には良質な憲法典が完成したと評価できるだろう。

これに対し、「押し付け憲法論」の物語を前提に、日本国憲法に強い反発を示す人がいる。しかし、制定過程だけを問題にするということは、内容に不満がないということであり、「押し付け憲法論」はスジの通った議論ではない。日本国憲法の物語としての側面は、法技術的文書や外交宣言としての側面から切り離すべきである。

しかし、話はそれだけでは終わらない。これが「白峯」の示唆であった。「押し付け憲法論」の背後には、敗戦の屈辱感に苦しむ人の「されどいかにせん」という気持ちがある。もちろん、「されどいかにせん」という気持ちにそのまま寄り添うことは破滅的な結果を招くので適当ではない。それでも、他方で、相手の人格を尊重し、「あなたならそうした醜い気持ちを乗り越えられるはずではないですか」と呼びかけ、コミュニケーションをしていく必要があるのではないか。

本章では、こう論じたが、これが唯一の答えではないだろう。これについて知恵を絞り、日本国や国際社会におけるより良い人間関係を形成していくことが必要である。崇徳上皇の投げかける「されどいかにせん」という問いは、我々が向き合わねばならない問いである。

(『雨月物語』からの引用は、講談社学術文庫『雨月物語　全訳注』〈青木正次〉による)

あとがき

最近、注目されている憲法問題の一つに、「一票の格差」問題がある。人口が少なく一票の価値の高い選挙区と、人口が多く一票の価値の低い選挙区がある。こうした格差は、可能な限りゼロにしなければならないのではないか。こうした主張は勢いを増しており、選挙無効確認訴訟では最高裁判所も、かなり厳しい態度を取るようになってきている。

投票価値の平等は、重要な憲法原則である。その実現という観点からは、活発な訴訟の提起や最高裁の踏み込んだ態度は歓迎すべきものだろう。

とはいえ、一票の格差を解消しなければならない理由として、あまりにも素朴な説明が横行していることは見過ごせない。

選挙権は、自分の個人的な利益や信条を国会の決議に反映させるための権利である。一票の格差があると、利益や信条が反映される度合が相対的に減らされる。これは不平等ではないか。一般的には、こんな議論が展開されているように思われる。

しかし、こうした素朴な議論は、実は根本が誤っている。国会議員は、どの選挙区から選出されようと「全国民の代表」として議論や決議に参加しなければならない（憲法43条）。例えば、千葉県選出の議員は、千葉県に利益を誘導するために存在しているのではなく、「全国民の公共の利益」実現のために必要なら、千葉県に負担を強《し》いる法案にも賛成しなければならない。国会は、一部の国民ではなく、全国民のために公共の利益を実現するための会議なのだから、このことは、当然すぎるほど当然である。

こういうことを言うと、「お前は現実が何も分かっていない」とか、「自分の個人的利益のために投票するのは当然だ」とお説教されることがある。しかし、もしそれが現実なら、民主主義はただの数の暴力である。そんな民主主義なら、日本は民主主義をやめたほうがよいだろう。公共の利益を実現しようとしない人に、政治に参加する資格はない。こう言うと、多くの人は、「そうだ！　日本は民主主義をやめるべきだ！」とは言わない。恐らく、本心では、日本国民の公共心を信じているのである。だったら最初から、そう言えばよいではないか。よく分からない「現実」を語ってニヒルマンを気取るのは、かっこ悪いと思う。

さて、そうなると、実は、個人的な利益や信条の実現という観点から、投票価値の平等を説くのは誤っている。一票の格差が解消されても、自分の利益がより実現しやすくなるわけではない。もし、そんな事態が生じるなら、そもそも国会議員が仕事のやり方を誤っていることになる。

また、人口密集地の国民が、我々の利益をより多く実現すべきだという理由で格差是正を主張しているなら、格差是正の正当性は非常に小さい。そんな利己的な主張をぶつければ、当然、人口過疎地の国民は反発し、我々の既得権を収奪することは許さないと言い出すだろう。そうした利己的な主張のぶつけ合いは、多様な個人の尊重と共存という憲法の理念からはかけ離れた事態である。

国民は、どこに住んでいようと、「全国民の代表」にふさわしい人物は誰か、という観点で投票しなければならない。もちろん、その「ふさわしい人物」が、都市生活者の苦労に寄り添える人だったり、農業の先行きにビジョンを示せる人だったり、社会保障制度の計算に強い人だったり、若者を応援してくれる人だったりと、様々な個性を有していなければならないのは、当然である。そして、国会議員も、どの選挙区から選抜されようと、自分の人としての豊かな経験と人間性を基に「全国民の代表」として権限を行使すべきである。一票の格差是正の主張も、格差を是正したほうが、より「全国民の代表」にふさわしい議員を選出できるはずだという主張であるべきである。

こうした「全国民の代表」の概念をテコにした議論は、いささか回りくどくて分かりにくい。しかし、そういう議論をしていかないと、多様な個性を持つ個人一人ひとりを尊重した国家を形成することはできない。素朴な議論に飛びつかず、難しい問題を知恵を絞って考えることには価値があるし、広く深い検討をし、精密な法概念を積み重ねて結論を出すことは、とても楽しいことである。

本書では、立憲主義・権力分立・人権保障・平和主義・改正手続と、憲法のほぼ全体系を見渡しながら、このことを強調してきたつもりである。

というわけで、本書では、「分かりやすい」素朴な議論に飛びつくことの問題を指摘してきた。マスメディアが「分かりやすさ」を求め、素朴な議論を展開してしまうことを残念に思うことも多い。

しかし、素朴なスローガンを排して、丁寧に議論を進めるには、それなりに時間やスペースが必要であり、憲法問題に割《さ》ける時間やスペースは、それぞれのメディアによって異なる。

大学での講義の1分はあっという間だが、テレビメディアの1分はこの上なく貴重だ。問題を端的に伝えるスローガンを伝えるだけで精一杯である。自分が出演してみて、このことはよく分かった。ラジオや新聞では、テレビよりも深い議論をするだけの時間やスペースがあるが、それでも、かなり希少な資源で、制限は多い。

2013年は、様々なメディアから取材を受け、お話をさせていただいたが、取材にいらっしゃる方々は、それぞれのメディアの枠内で、憲法の大事さを伝えようとしてくださっており、その懸命な姿勢に感銘を受けた。そうしたメディアの裏側を垣間《かいま》見ると、メディアの「分かりやすさ」に落胆するのではなく、それぞれにできることとできないことがあることを認識して、情報を取捨選択していくことが必要だ、という当たり前だが重要な原則を確認すべきだという気持ちになった。

では、マスメディアを通じて関心を持った後、落ち着いて深いところまで考えたいと思ったら、どのようなメディアにあたれば良いのか。やはり、「本」ということになるだろう。本書の編集者であるＰＨＰ研究所新書出版部の木南さんは、そういう気概を持つ人で、「今、本当に伝えなければならない憲法論を伝えるための本を作りましょう」という理念を共有してくれた。心より感謝申し上げる。さらに、木南さんは「こちらをどうぞ」と、羽生善治《はぶよしはる》三冠の揮毫《きごう》入り『直感力』（ＰＨＰ新書）をくださり、私のやる気を盛り上げる反面、「羽生先生と同じレーベルで本を出すのだから絶対にクオリティを落とせない」という空気を醸成してくれた。羽生先生と木南さんに、心より感謝申し上げる次第である。そして、木南さんは、「羽生先生は原稿早いんですよ」と最後の念押しをするのも忘れなかった。

さて、こうして将棋界のスーパースターと優秀な編集者の後押し（この後押しは、あくまで私が主観的に感じた後押しであり、特に、羽生先生は、私と木南さんとの間でこのようなやり取りがあったということは知らなかったのが史実とされる）を受けたにもかかわらず、本書を執筆するのは大変だった。

「分かりやすい」議論に飛びつくことは危険だが、一方で、「無意味に分かりにくい」文章を書くのは、筆でメシを食べている人間として最低である。できるだけ、分かりやすく、生き生きと憲法原則を語らなくてはならない。ということを考え始めると、何をしてよいか分からず、一日使って一文も書けなかったという日もあった。これを怠慢ないし能力不足と非難することはことわりなきにあらず。されどいかにせん。

そんな事情もあって、原案・構成・執筆・校正の各段階で、全面的に木村佳子先生の監督と指導を受けた。また、本書を執筆する過程で、講演会やメディア出演のご依頼を多くいただき、その中での質疑応答・議論を通じて、今、憲法について何を語ることが求められているのかを勉強させていただいた。

そのようなわけで、本書が完成したのは、2013年にお話しさせていただいた全ての方のおかげであり、各氏に心より御礼申し上げる。

さて、随分と長いあとがきになってしまった。「あとがきは、もっと格調高く、ビシッと締めてほしい」という読者の方には申し訳ない。とはいえ、どうせ長くなってしまったのだから開き直って、本書のタイトルについてもお話ししておきたい。

本書が憲法の全体系を覆う内容であることからすれば、古《いにしえ》の大憲法学者の書名にあやかって、『憲法撮要』とか『日本国家本義ヲ定ム憲法ノ真髄及ビ精義』といったタイトルを付けたいところだ。しかしこれでは、新刊和書と扱っていただけない可能性もある。その上、新刊として本屋に並ばなかった本が古書店で売られることは、理論的にありえない。新刊書店でも古書店でもだめとなると、この本の内容は『誰にも伝わらない憲法の話』ということになってしまう。これではいかん。

立ち返るべき先は、自分の内面である。私はなぜ、あんなに苦労をしてまで、この本を書こうと思ったのか。結局のところ、私はこれまでに色々なメディアでお話しさせていただいたが、まだまだ話足りないのである。さらに、話足りない原因は、メディアの数ではなく、話す内容の分量と質なのである。

先ほど書いたように、テレビや新聞などのメディアには様々な限界がある。メディアには、憲法問題以外にも山ほど扱うべき事柄があり、放送時間も紙幅も限られている。その上、スタッフだって忙しいから、憲法問題の勉強にかける時間も限られている。というわけで、どうしてもテレビが伝えられない憲法の話が、山ほどあるわけである。そういうテレビが伝えない憲法の話を伝えるために作った本ですよ、という気持ちを込めてこのタイトルに落ち着いた次第である。

ところで、このタイトルに決定して数日経った後、知人のトミナガ（仮名）が、「やっぱり、テレビメディアは、何か重大な情報を知っているのに隠していたんだな」と言ってきた。彼によると、日本国憲法は、金星人が押し付けたもので、土星人の脅威《きょうい》に対抗するためにも、憲法を改正し、超決戦兵器カルマラポッチョを装備することが重要なのだと言う。しかし、テレビは、日本国憲法の「本当の制定過程」はおろか、土星人の存在を語ろうともしないし、ソチ五輪のスノーマン決勝で優勝したチームに、金星人が居たことすら伝えない。これは偏向放送ではないのか、と言うのである（もし、本当にそうだったとしたら、それは「偏向」とかのレベルとはちょっと違う気がするが）。

確かに、本書は陰謀《いんぼう》論を思わせるタイトルでもある。「テレビは情報を隠している」といった議論を期待して本書を手に取った方々は、がっかりしたことだろう。しかし、はっきり言って、世の中の陰謀論の存在こそが陰謀であり、世の中の不可解の大部分は、単なる人間の能力不足（認識能力・理解能力・説明能力といった能力の不足）の結果にすぎない。マスメディアに不信感を持って、その反動で出所不明なマニアックな情報を信じるのは、なんとも愚かしい。私が伝えたかったのは、むやみな不信感を募《つの》らせ、誰かを罵るよりも、それぞれのメディアの長所・短所を理解した上で、自分でしっかりと情報を探求してほしいということである。

本書には本書でいろいろ限界がある。読者の皆様には、その限界を、テレビや新聞・雑誌、あるいは他の書籍で積極的に補っていただきたい。憲法について広さと深さのある検討になると思う。そして、そうした知的探求心は、自分自身の楽しみであると同時に、日本の民主主義の基礎でもあるだろう。

木村草太

日本国憲法条文

日本国憲法（昭和二十一年十一月三日憲法）

日本国民は、正当に選挙された国会における代表者を通じて行動し、われらとわれらの子孫のために、諸国民との協和による成果と、わが国全土にわたつて自由のもたらす恵沢を確保し、政府の行為によつて再び戦争の惨禍が起ることのないやうにすることを決意し、ここに主権が国民に存することを宣言し、この憲法を確定する。そもそも国政は、国民の厳粛な信託によるものであつて、その権威は国民に由来し、その権力は国民の代表者がこれを行使し、その福利は国民がこれを享受する。これは人類普遍の原理であり、この憲法は、かかる原理に基くものである。われらは、これに反する一切の憲法、法令及び詔勅を排除する。

日本国民は、恒久の平和を念願し、人間相互の関係を支配する崇高な理想を深く自覚するのであつて、平和を愛する諸国民の公正と信義に信頼して、われらの安全と生存を保持しようと決意した。われらは、平和を維持し、専制と隷従、圧迫と偏狭を地上から永遠に除去しようと努めてゐる国際社会において、名誉ある地位を占めたいと思ふ。われらは、全世界の国民が、ひとしく恐怖と欠乏から免かれ、平和のうちに生存する権利を有することを確認する。

われらは、いづれの国家も、自国のことのみに専念して他国を無視してはならないのであつて、政治道徳の法則は、普遍的なものであり、この法則に従ふことは、自国の主権を維持し、他国と対等関係に立たうとする各国の責務であると信ずる。

日本国民は、国家の名誉にかけ、全力をあげてこの崇高な理想と目的を達成することを誓ふ。

第一章　天皇

第一条　天皇は、日本国の象徴であり日本国民統合の象徴であつて、この地位は、主権の存する日本国民の総意に基く。

第二条　皇位は、世襲のものであつて、国会の議決した皇室典範の定めるところにより、これを継承する。

第三条　天皇の国事に関するすべての行為には、内閣の助言と承認を必要とし、内閣が、その責任を負ふ。

第四条　天皇は、この憲法の定める国事に関する行為のみを行ひ、国政に関する権能を有しない。

②　天皇は、法律の定めるところにより、その国事に関する行為を委任することができる。

第五条　皇室典範の定めるところにより摂政を置くときは、摂政は、天皇の名でその国事に関する行為を行ふ。この場合には、前条第一項の規定を準用する。

第六条　天皇は、国会の指名に基いて、内閣総理大臣を任命する。

②　天皇は、内閣の指名に基いて、最高裁判所の長たる裁判官を任命する。

第七条　天皇は、内閣の助言と承認により、国民のために、左の国事に関する行為を行ふ。

一　憲法改正、法律、政令及び条約を公布すること。

二　国会を召集すること。

三　衆議院を解散すること。

四　国会議員の総選挙の施行を公示すること。

五　国務大臣及び法律の定めるその他の官吏の任免並びに全権委任状及び大使及び公使の信任状を認証すること。

六　大赦、特赦、減刑、刑の執行の免除及び復権を認証すること。

七　栄典を授与すること。

八　批准書及び法律の定めるその他の外交文書を認証すること。

九　外国の大使及び公使を接受すること。

十　儀式を行ふこと。

第八条　皇室に財産を譲り渡し、又は皇室が、財産を譲り受け、若しくは賜与することは、国会の議決に基かなければならない。

第二章　戦争の放棄

第九条　日本国民は、正義と秩序を基調とする国際平和を誠実に希求し、国権の発動たる戦争と、武力による威嚇又は武力の行使は、国際紛争を解決する手段としては、永久にこれを放棄する。

② 前項の目的を達するため、陸海空軍その他の戦力は、これを保持しない。国の交戦権は、これを認めない。

第三章　国民の権利及び義務

第十条　日本国民たる要件は、法律でこれを定める。

第十一条　国民は、すべての基本的人権の享有を妨げられない。この憲法が国民に保障する基本的人権は、侵すことのできない永久の権利として、現在及び将来の国民に与へられる。

第十二条　この憲法が国民に保障する自由及び権利は、国民の不断の努力によつて、これを保持しなければならない。又、国民は、これを濫用してはならないのであつて、常に公共の福祉のためにこれを利用する責任を負ふ。

第十三条　すべて国民は、個人として尊重される。生命、自由及び幸福追求に対する国民の権利については、公共の福祉に反しない限り、立法その他の国政の上で、最大の尊重を必要とする。

第十四条　すべて国民は、法の下に平等であつて、人種、信条、性別、社会的身分又は門地により、政治的、経済的又は社会的関係において、差別されない。

② 華族その他の貴族の制度は、これを認めない。

③ 栄誉、勲章その他の栄典の授与は、いかなる特権も伴はない。栄典の授与は、現にこれを有し、又は将来これを受ける者の一代に限り、その効力を有する。

第十五条　公務員を選定し、及びこれを罷免することは、国民固有の権利である。

② すべて公務員は、全体の奉仕者であつて、一部の奉仕者ではない。

③ 公務員の選挙については、成年者による普通選挙を保障する。

④ すべて選挙における投票の秘密は、これを侵してはならない。選挙人は、その選択に関し公的にも私的にも責任を問はれない。

第十六条　何人も、損害の救済、公務員の罷免、法律、命令又は規則の制定、廃止又は改正その他の事項に関し、平穏に請願する権利を有し、何人も、かかる請願をしたためにいかなる差別待遇も受けない。

第十七条　何人も、公務員の不法行為により、損害を受けたときは、法律の定めるところにより、国又は公共団体に、その賠償を求めることができる。

第十八条　何人も、いかなる奴隷的拘束も受けない。又、犯罪に因る処罰の場合を除いては、その意に反する苦役に服させられない。

第十九条　思想及び良心の自由は、これを侵してはならない。

第二十条　信教の自由は、何人に対してもこれを保障する。いかなる宗教団体も、国から特権を受け、又は政治上の権力を行使してはならない。

② 何人も、宗教上の行為、祝典、儀式又は行事に参加することを強制されない。

③　国及びその機関は、宗教教育その他いかなる宗教的活動もしてはならない。

第二十一条　集会、結社及び言論、出版その他一切の表現の自由は、これを保障する。

②　検閲は、これをしてはならない。通信の秘密は、これを侵してはならない。

第二十二条　何人も、公共の福祉に反しない限り、居住、移転及び職業選択の自由を有する。

②　何人も、外国に移住し、又は国籍を離脱する自由を侵されない。

第二十三条　学問の自由は、これを保障する。

第二十四条　婚姻は、両性の合意のみに基いて成立し、夫婦が同等の権利を有することを基本として、相互の協力により、維持されなければならない。

②　配偶者の選択、財産権、相続、住居の選定、離婚並びに婚姻及び家族に関するその他の事項に関しては、法律は、個人の尊厳と両性の本質的平等に立脚して、制定されなければならない。

第二十五条　すべて国民は、健康で文化的な最低限度の生活を営む権利を有する。

②　国は、すべての生活部面について、社会福祉、社会保障及び公衆衛生の向上及び増進に努めなければならない。

第二十六条　すべて国民は、法律の定めるところにより、その能力に応じて、ひとしく教育を受ける権利を有する。

②　すべて国民は、法律の定めるところにより、その保護する子女に普通教育を受けさせる義務を負ふ。義務教育は、これを無償とする。

第二十七条　すべて国民は、勤労の権利を有し、義務を負ふ。

②　賃金、就業時間、休息その他の勤労条件に関する基準は、法律でこれを定める。

③　児童は、これを酷使してはならない。

第二十八条　勤労者の団結する権利及び団体交渉その他の団体行動をする権利は、これを保障する。

第二十九条　財産権は、これを侵してはならない。

②　財産権の内容は、公共の福祉に適合するやうに、法律でこれを定める。

③　私有財産は、正当な補償の下に、これを公共のために用ひることができる。

第三十条　国民は、法律の定めるところにより、納税の義務を負ふ。

第三十一条　何人も、法律の定める手続によらなければ、その生命若しくは自由を奪はれ、又はその他の刑罰を科せられない。

第三十二条　何人も、裁判所において裁判を受ける権利を奪はれない。

第三十三条　何人も、現行犯として逮捕される場合を除いては、権限を有する司法官憲が発し、且つ理由となつてゐる犯罪を明示する令状によらなければ、逮捕されない。

第三十四条　何人も、理由を直ちに告げられ、且つ、直ちに弁護人に依頼する権利を与へられなければ、抑留又は拘禁されない。又、何人も、正当な理由がなければ、拘禁されず、要求があれば、その理由は、直ちに本人及びその弁護人の出席する公開の法廷で示されなければならない。

第三十五条　何人も、その住居、書類及び所持品について、侵入、捜索及び押収を受けることのない権利は、第三十三条の場合を除いては、正当な理由に基いて発せられ、且つ捜索する場所及び押収する物を明示する令状がなければ、侵されない。

② 捜索又は押収は、権限を有する司法官憲が発する各別の令状により、これを行ふ。

第三十六条　公務員による拷問及び残虐な刑罰は、絶対にこれを禁ずる。

第三十七条　すべて刑事事件においては、被告人は、公平な裁判所の迅速な公開裁判を受ける権利を有する。

② 刑事被告人は、すべての証人に対して審問する機会を充分に与へられ、又、公費で自己のために強制的手続により証人を求める権利を有する。

③ 刑事被告人は、いかなる場合にも、資格を有する弁護人を依頼することができる。被告人が自らこれを依頼することができないときは、国でこれを附する。

第三十八条　何人も、自己に不利益な供述を強要されない。

② 強制、拷問若しくは脅迫による自白又は不当に長く抑留若しくは拘禁された後の自白は、これを証拠とすることができない。

③ 何人も、自己に不利益な唯一の証拠が本人の自白である場合には、有罪とされ、又は刑罰を科せられない。

第三十九条　何人も、実行の時に適法であつた行為又は既に無罪とされた行為については、刑事上の責任を問はれない。又、同一の犯罪について、重ねて刑事上の責任を問はれない。

第四十条　何人も、抑留又は拘禁された後、無罪の裁判を受けたときは、法律の定めるところにより、国にその補償を求めることができる。

第四章　国会

第四十一条　国会は、国権の最高機関であつて、国の唯一の立法機関である。

第四十二条　国会は、衆議院及び参議院の両議院でこれを構成する。

第四十三条　両議院は、全国民を代表する選挙された議員でこれを組織する。

② 両議院の議員の定数は、法律でこれを定める。

第四十四条　両議院の議員及びその選挙人の資格は、法律でこれを定める。但し、人種、信条、性別、社会的身分、門地、教育、財産又は収入によつて差別してはならない。

第四十五条　衆議院議員の任期は、四年とする。但し、衆議院解散の場合には、その期間満了前に終了する。

第四十六条　参議院議員の任期は、六年とし、三年ごとに議員の半数を改選する。

第四十七条　選挙区、投票の方法その他両議院の議員の選挙に関する事項は、法律でこれを定める。

第四十八条　何人も、同時に両議院の議員たることはできない。

第四十九条　両議院の議員は、法律の定めるところにより、国庫から相当額の歳費を受ける。

第五十条　両議院の議員は、法律の定める場合を除いては、国会の会期中逮捕されず、会期前に逮捕された議員は、その議院の要求があれば、会期中これを釈放しなければならない。

第五十一条　両議院の議員は、議院で行つた演説、討論又は表決について、院外で責任を問はれない。

第五十二条　国会の常会は、毎年一回これを召集する。

第五十三条　内閣は、国会の臨時会の召集を決定することができる。いづれかの議院の総議員の四分の一以上の要求があれば、内閣は、その召集を決定しなければならない。

第五十四条　衆議院が解散されたときは、解散の日から四十日以内に、衆議院議員の総選挙を行ひ、その選挙の日から三十日以内に、国会を召集しなければならない。

② 衆議院が解散されたときは、参議院は、同時に閉会となる。但し、内閣は、国に緊急の必要があるときは、参議院の緊急集会を求めることができる。

③ 前項但書の緊急集会において採られた措置は、臨時のものであつて、次の国会開会の後十日以内に、衆議院の同意がない場合には、その効力を失ふ。

第五十五条　両議院は、各〻その議員の資格に関する争訟を裁判する。但し、議員の議席を失はせるには、出席議員の三分の二以上の多数による議決を必要とする。

第五十六条　両議院は、各〻その総議員の三分の一以上の出席がなければ、議事を開き議決することができない。

② 両議院の議事は、この憲法に特別の定のある場合を除いては、出席議員の過半数でこれを決し、可否同数のときは、議長の決するところによる。

第五十七条　両議院の会議は、公開とする。但し、出席議員の三分の二以上の多数で議決したときは、秘密会を開くことができる。

② 両議院は、各〻その会議の記録を保存し、秘密会の記録の中で特に秘密を要すると認められるもの以外は、こ

れを公表し、且つ一般に頒布しなければならない。

③ 出席議員の五分の一以上の要求があれば、各議員の表決は、これを会議録に記載しなければならない。

第五十八条 両議院は、各〻その議長その他の役員を選任する。

② 両議院は、各〻その会議その他の手続及び内部の規律に関する規則を定め、又、院内の秩序をみだした議員を懲罰することができる。但し、議員を除名するには、出席議員の三分の二以上の多数による議決を必要とする。

第五十九条 法律案は、この憲法に特別の定のある場合を除いては、両議院で可決したとき法律となる。

② 衆議院で可決し、参議院でこれと異なつた議決をした法律案は、衆議院で出席議員の三分の二以上の多数で再び可決したときは、法律となる。

③ 前項の規定は、法律の定めるところにより、衆議院が、両議院の協議会を開くことを求めることを妨げない。

④ 参議院が、衆議院の可決した法律案を受け取つた後、国会休会中の期間を除いて六十日以内に、議決しないときは、衆議院は、参議院がその法律案を否決したものとみなすことができる。

第六十条 予算は、さきに衆議院に提出しなければならない。

② 予算について、参議院で衆議院と異なつた議決をした場合に、法律の定めるところにより、両議院の協議会を開いても意見が一致しないとき、又は参議院が、衆議院の可決した予算を受け取つた後、国会休会中の期間を除いて三十日以内に、議決しないときは、衆議院の議決を国会の議決とする。

第六十一条 条約の締結に必要な国会の承認については、前条第二項の規定を準用する。

第六十二条 両議院は、各〻国政に関する調査を行ひ、これに関して、証人の出頭及び証言並びに記録の提出を要求することができる。

第六十三条　内閣総理大臣その他の国務大臣は、両議院の一に議席を有すると有しないとにかかはらず、何時でも議案について発言するため議院に出席することができる。又、答弁又は説明のため出席を求められたときは、出席しなければならない。

第六十四条　国会は、罷免の訴追を受けた裁判官を裁判するため、両議院の議員で組織する弾劾裁判所を設ける。

② 弾劾に関する事項は、法律でこれを定める。

第五章　内閣

第六十五条　行政権は、内閣に属する。

第六十六条　内閣は、法律の定めるところにより、その首長たる内閣総理大臣及びその他の国務大臣でこれを組織する。

② 内閣総理大臣その他の国務大臣は、文民でなければならない。

③ 内閣は、行政権の行使について、国会に対し連帯して責任を負ふ。

第六十七条　内閣総理大臣は、国会議員の中から国会の議決で、これを指名する。この指名は、他のすべての案件に先だつて、これを行ふ。

② 衆議院と参議院とが異なつた指名の議決をした場合に、法律の定めるところにより、両議院の協議会を開いても意見が一致しないとき、又は衆議院が指名の議決をした後、国会休会中の期間を除いて十日以内に、参議院が、指名の議決をしないときは、衆議院の議決を国会の議決とする。

第六十八条　内閣総理大臣は、国務大臣を任命する。但し、その過半数は、国会議員の中から選ばれなければならない。

② 内閣総理大臣は、任意に国務大臣を罷免することができる。

第六十九条　内閣は、衆議院で不信任の決議案を可決し、又は信任の決議案を否決したときは、十日以内に衆議院が解散されない限り、総辞職をしなければならない。

第七十条　内閣総理大臣が欠けたとき、又は衆議院議員総選挙の後に初めて国会の召集があつたときは、内閣は、総辞職をしなければならない。

第七十一条　前二条の場合には、内閣は、あらたに内閣総理大臣が任命されるまで引き続きその職務を行ふ。

第七十二条　内閣総理大臣は、内閣を代表して議案を国会に提出し、一般国務及び外交関係について国会に報告し、並びに行政各部を指揮監督する。

第七十三条　内閣は、他の一般行政事務の外、左の事務を行ふ。

一　法律を誠実に執行し、国務を総理すること。

二　外交関係を処理すること。

三　条約を締結すること。但し、事前に、時宜によつては事後に、国会の承認を経ることを必要とする。

四　法律の定める基準に従ひ、官吏に関する事務を掌理すること。

五　予算を作成して国会に提出すること。

六　この憲法及び法律の規定を実施するために、政令を制定すること。但し、政令には、特にその法律の委任がある場合を除いては、罰則を設けることができない。

七　大赦、特赦、減刑、刑の執行の免除及び復権を決定すること。

第七十四条　法律及び政令には、すべて主任の国務大臣が署名し、内閣総理大臣が連署することを必要とする。

第七十五条　国務大臣は、その在任中、内閣総理大臣の同意がなければ、訴追されない。但し、これがため、訴追の権利は、害されない。

第六章　司法

第七十六条　すべて司法権は、最高裁判所及び法律の定めるところにより設置する下級裁判所に属する。

② 特別裁判所は、これを設置することができない。行政機関は、終審として裁判を行ふことができない。

③ すべて裁判官は、その良心に従ひ独立してその職権を行ひ、この憲法及び法律にのみ拘束される。

第七十七条　最高裁判所は、訴訟に関する手続、弁護士、裁判所の内部規律及び司法事務処理に関する事項について、規則を定める権限を有する。

② 検察官は、最高裁判所の定める規則に従はなければならない。

③ 最高裁判所は、下級裁判所に関する規則を定める権限を、下級裁判所に委任することができる。

第七十八条　裁判官は、裁判により、心身の故障のために職務を執ることができないと決定された場合を除いては、公の弾劾によらなければ罷免されない。裁判官の懲戒処分は、行政機関がこれを行ふことはできない。

第七十九条　最高裁判所は、その長たる裁判官及び法律の定める員数のその他の裁判官でこれを構成し、その長たる裁判官以外の裁判官は、内閣でこれを任命する。

② 最高裁判所の裁判官の任命は、その任命後初めて行はれる衆議院議員総選挙の際国民の審査に付し、その後十年を経過した後初めて行はれる衆議院議員総選挙の際更に審査に付し、その後も同様とする。

③ 前項の場合において、投票者の多数が裁判官の罷免を

可とするときは、その裁判官は、罷免される。

④　審査に関する事項は、法律でこれを定める。

⑤　最高裁判所の裁判官は、法律の定める年齢に達した時に退官する。

⑥　最高裁判所の裁判官は、すべて定期に相当額の報酬を受ける。この報酬は、在任中、これを減額することができない。

第八十条　下級裁判所の裁判官は、最高裁判所の指名した者の名簿によつて、内閣でこれを任命する。その裁判官は、任期を十年とし、再任されることができる。但し、法律の定める年齢に達した時には退官する。

②　下級裁判所の裁判官は、すべて定期に相当額の報酬を受ける。この報酬は、在任中、これを減額することができない。

第八十一条　最高裁判所は、一切の法律、命令、規則又は処分が憲法に適合するかしないかを決定する権限を有する終審裁判所である。

第八十二条　裁判の対審及び判決は、公開法廷でこれを行ふ。

②　裁判所が、裁判官の全員一致で、公の秩序又は善良の風俗を害する虞があると決した場合には、対審は、公開しないでこれを行ふことができる。但し、政治犯罪、出版に関する犯罪又はこの憲法第三章で保障する国民の権利が問題となつてゐる事件の対審は、常にこれを公開しなければならない。

第七章　財政

第八十三条　国の財政を処理する権限は、国会の議決に基いて、これを行使しなければならない。

第八十四条　あらたに租税を課し、又は現行の租税を変更するには、法律又は法律の定める条件によることを必要とする。

第八十五条　国費を支出し、又は国が債務を負担するには、国会の議決に基くことを必要とする。

第八十六条　内閣は、毎会計年度の予算を作成し、国会に提出して、その審議を受け議決を経なければならない。

第八十七条　予見し難い予算の不足に充てるため、国会の議決に基いて予備費を設け、内閣の責任でこれを支出することができる。

②　すべて予備費の支出については、内閣は、事後に国会の承諾を得なければならない。

第八十八条　すべて皇室財産は、国に属する。すべて皇室の費用は、予算に計上して国会の議決を経なければならない。

第八十九条　公金その他の公の財産は、宗教上の組織若しくは団体の使用、便益若しくは維持のため、又は公の支配に属しない慈善、教育若しくは博愛の事業に対し、これを支出し、又はその利用に供してはならない。

第九十条　国の収入支出の決算は、すべて毎年会計検査院がこれを検査し、内閣は、次の年度に、その検査報告とともに、これを国会に提出しなければならない。

②　会計検査院の組織及び権限は、法律でこれを定める。

第九十一条　内閣は、国会及び国民に対し、定期に、少くとも毎年一回、国の財政状況について報告しなければならない。

第八章　地方自治

第九十二条　地方公共団体の組織及び運営に関する事項は、地方自治の本旨に基いて、法律でこれを定める。

第九十三条　地方公共団体には、法律の定めるところにより、その議事機関として議会を設置する。

②　地方公共団体の長、その議会の議員及び法律の定めるその他の吏員は、その地方公共団体の住民が、直接これを選挙する。

第九十四条　地方公共団体は、その財産を管理し、事務を処理し、及び行政を執行する権能を有し、法律の範囲内で条例を制定することができる。

第九十五条　一の地方公共団体のみに適用される特別法は、法律の定めるところにより、その地方公共団体の住民の投票においてその過半数の同意を得なければ、国会は、これを制定することができない。

第九章　改正

第九十六条　この憲法の改正は、各議院の総議員の三分の二以上の賛成で、国会が、これを発議し、国民に提案してその承認を経なければならない。この承認には、特別の国民投票又は国会の定める選挙の際行はれる投票において、その過半数の賛成を必要とする。

②　憲法改正について前項の承認を経たときは、天皇は、国民の名で、この憲法と一体を成すものとして、直ちにこれを公布する。

第十章　最高法規

第九十七条　この憲法が日本国民に保障する基本的人権は、人類の多年にわたる自由獲得の努力の成果であつて、これらの権利は、過去幾多の試錬に堪へ、現在及び将来の国民に対し、侵すことのできない永久の権利として信託されたものである。

第九十八条　この憲法は、国の最高法規であつて、その条規に反する法律、命令、詔勅及び国務に関するその他の行為の全部又は一部は、その効力を有しない。

② 日本国が締結した条約及び確立された国際法規は、これを誠実に遵守することを必要とする。

第九十九条　天皇又は摂政及び国務大臣、国会議員、裁判官その他の公務員は、この憲法を尊重し擁護する義務を負ふ。

第十一章　補則

第百条　この憲法は、公布の日から起算して六箇月を経過した日から、これを施行する。

② この憲法を施行するために必要な法律の制定、参議院議員の選挙及び国会召集の手続並びにこの憲法を施行するために必要な準備手続は、前項の期日よりも前に、これを行ふことができる。

第百一条　この憲法施行の際、参議院がまだ成立してゐないときは、その成立するまでの間、衆議院は、国会としての権限を行ふ。

第百二条　この憲法による第一期の参議院議員のうち、その半数の者の任期は、これを三年とする。その議員は、法律の定めるところにより、これを定める。

第百三条　この憲法施行の際現に在職する国務大臣、衆議院議員及び裁判官並びにその他の公務員で、その地位に相応する地位がこの憲法で認められてゐる者は、法律で特別の定をした場合を除いては、この憲法施行のため、当然にはその地位を失ふことはない。但し、この憲法によつて、後任者が選挙又は任命されたときは、当然その地位を失ふ。

PHP新書
PHP INTERFACE
http://www.php.co.jp/

木村草太［きむら・そうた］

1980年、横浜市生まれ。東京大学法学部卒業、同助手を経て、現在、首都大学東京法学系准教授。専攻は憲法学。
助手論文を基に『平等なき平等条項論』（東京大学出版会）を上梓。法科大学院での講義をまとめた『憲法の急所』（羽鳥書店）は「東大生協で最も売れている本」「全法科大学院生必読の書」と話題に。近刊には『キヨミズ准教授の法学入門』（星海社新書）、『憲法の創造力』（NHK出版新書）、『未完の憲法』（奥平康弘先生との共著・潮出版社）、『憲法学再入門』（西村裕一先生との共著・有斐閣）がある。

テレビが伝えない憲法の話

（PHP新書 920）

二〇一四年五月二日　第一版第一刷
二〇一六年三月三十日　第一版第三刷

著者――木村草太
発行者――小林成彦
発行所――株式会社PHP研究所
東京本部――〒135-8137 江東区豊洲5-6-52
新書出版部 ☎03-3520-9615（編集）
普及一部 ☎03-3520-9630（販売）
京都本部――〒601-8411 京都市南区西九条北ノ内町11
組版 制作協力――株式会社PHPエディターズ・グループ
装幀者――芦澤泰偉＋児崎雅淑
印刷所 製本所――図書印刷株式会社

ISBN978-4-569-81622-7

ＰＨＰ新書刊行にあたって

「繁栄を通じて平和と幸福を」(PEACE and HAPPINESS through PROSPERITY)の願いのもと、ＰＨＰ研究所が創設されて今年で五十周年を迎えます。その歩みは、日本人が先の戦争を乗り越え、並々ならぬ努力を続けて、今日の繁栄を築き上げてきた軌跡に重なります。

しかし、平和で豊かな生活を手にした現在、多くの日本人は、自分が何のために生きているのか、どのように生きていきたいのかを、見失いつつあるように思われます。そして、その間にも、日本国内や世界のみならず地球規模での大きな変化が日々生起し、解決すべき問題となって私たちのもとに押し寄せてきます。

このような時代に人生の確かな価値を見出し、生きる喜びに満ちあふれた社会を実現するために、いま何が求められているのでしょうか。それは、先達が培ってきた知恵を紡ぎ直すこと、その上で自分たち一人一人がおかれた現実と進むべき未来について丹念に考えていくこと以外にはありません。

その営みは、単なる知識に終わらない深い思索へ、そしてよく生きるための哲学への旅でもあります。弊所が創設五十周年を迎えましたのを機に、ＰＨＰ新書を創刊し、この新たな旅を読者と共に歩んでいきたいと思っています。多くの読者の共感と支援を心よりお願いいたします。

一九九六年十月

ＰＨＰ研究所

PHP新書

848 院政とは何だったか　岡野友彦
864 京都奇才物語　丘 眞奈美
865 徳川某重大事件　徳川宗英
903 アジアを救った近代日本史講義　渡辺利夫

［宗教］
123 お葬式をどうするか　ひろさちや
300 梅原猛の『歎異抄』入門　梅原 猛
834 日本史のなかのキリスト教　長島総一郎
849 禅が教える 人生の答え　枡野俊明
868 あなたのお墓は誰が守るのか　枡野俊明

［地理・文化］
264 「国民の祝日」の由来がわかる小事典　所 功
332 ほんとうは日本に憧れる中国人　王 敏
465 [決定版]京都の寺社505を歩く(上)　山折哲雄[監修]・槇野 修[著]
466 [決定版]京都の寺社505を歩く(下)　山折哲雄[監修]・槇野 修[著]
592 日本の曖昧《あいまい》力　呉 善花
639 世界カワイイ革命　櫻井孝昌
650 奈良の寺社150を歩く　山折哲雄[監修]・槇野 修[著]
670 発酵食品の魔法の力　小泉武夫／石毛直道[編著]
705 日本はなぜ世界でいちばん人気があるのか　竹田恒泰

744 天空の帝国インカ　山本紀夫
757 江戸東京の寺社609を歩く 下町・東郊編　山折哲雄[監修]・槇野 修[著]
758 江戸東京の寺社609を歩く 山の手・西郊編　山折哲雄[監修]・槇野 修[著]
765 世界の常識vs日本のことわざ　布施克彦
779 東京はなぜ世界一の都市なのか　鈴木伸子
804 日本人の数え方がわかる小事典　飯倉晴武
845 鎌倉の寺社122を歩く　山折哲雄[監修]・槇野 修[著]
845 [決定版]鎌倉の寺社122を歩く　山折哲雄[監修]・槇野 修[著]
877 日本が好きすぎる中国人女子　櫻井孝昌
889 京都早起き案内　麻生圭子
890 反日・愛国の由来　呉 善花

［社会・教育］
117 社会的ジレンマ　山岸俊男
134 社会起業家―「よい社会」をつくる人たち　町田洋次
141 無責任の構造　岡本浩一
175 環境問題とは何か　富山和子
335 NPOという生き方　島田 恒
380 貧乏クジ世代　香山リカ
396 われら戦後世代の「坂の上の雲」　寺島実郎
418 女性の品格　坂東眞理子
495 親の品格　坂東眞理子

［**心理・精神医学**］

［**知的技術**］

PHP新書

憲法で読むアメリカ史（上）

阿川尚之　著

１７８９年の誕生以来、民主主義をかたちづくってきた憲法や個々の判例から、アメリカという国のあり方を歴史物語として読み解く。

定価　本体八〇〇円（税別）

PHP新書

憲法で読むアメリカ史(下)

阿川尚之 著

南部の再建と奴隷の処遇、労働者と資本家、大恐慌と世界大戦、冷戦と黒人差別……南北戦争後のアメリカはどのような憲法上の問題に直面したか?

定価 本体八二〇円(税別)

PHP新書

憲法問題

なぜいま改憲なのか

自民党の憲法草案には96条や9条よりも根本的な問題を孕む改変がある。日本が立憲主義国でなくなる可能性を指摘、憲法の本質を問う。

伊藤 真 著

定価 本体七六〇円（税別）

PHP新書

意識力

宮本慎也　著

意識が変われば人は大きく成長する。ヤクルトで三度の日本一を経験し、日本代表主将を務めた著者が、気づきを与えて人を動かす方法を著す。

定価　本体七六〇円（税別）

PHP新書

直感力

直感の9割は正しい。生涯獲得タイトル数歴代1位となった希代の棋士が、直感を磨く方法、実践の場で用いる技術を開陳！

羽生善治　著

定価　本体七六〇円（税別）